MANCHESTER UNITED

QUIZZES & PUZZLES

VERY GOOD

1. The Modern Player Wordsearch

Can you find all the players debuting from 2010 onwards in the box below

0-3 Poor 4-7 OK 8-11 Average
12-16 Good 17-19 Very Good 20 Perfect

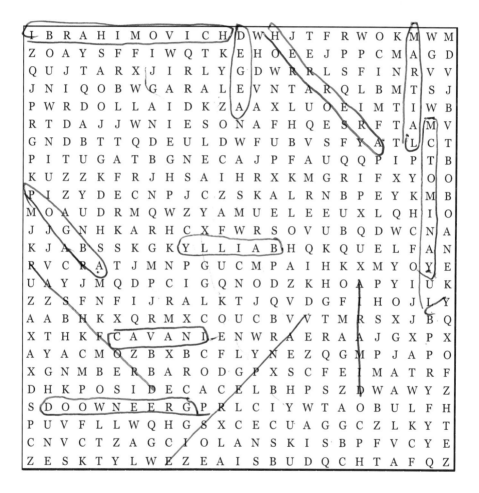

I B R A H I M O V I C H D W H J T F R W O K M W M
Z O A Y S F F I W Q T K E H O E E J P P C M A G D
Q U J T A R X J I R L Y G D W R L S F I N R V V
J N I Q O B W G A R A L E V N T A R Q L B M T S J
P W R D O L L A I D K Z A A X L U O E I M T I W B
R T D A J J W N I E S O N A F H Q E S R F T A M V
G N D B T T Q D E U L D W F U B V S F Y A T L C T
P I T U G A T B G N E C A J P F A U Q Q P I P T B
K U Z Z K F R J H S A I H R X K M G R I F X Y O O
P I Z Y D E C N P J C Z S K A L R N B P E Y K M B
M O A U D R M Q W Z Y A M U E L E E U X L Q H I O
J J G N H K A R H C X F W R S O V U B Q D W C N A
K J A B S S K G K Y L L I A B H Q K Q U E L F A N
R V C A T J M N P G U C M P A I H K X M Y O Y E
U A Y J M Q D P C I G Q N O D Z K H O A P Y I U K
Z Z S F N F I J R A L K T J Q V D G F I H O J L Y
A A B H K X Q R M X C O U C B V V T M R S X J B Q
X T H K F C A V A N I E N W R A E R A A J G X P X
A Y A C M O Z B X B C F L Y N E Z Q G M P J A P O
X G N M B E R B A R O D G P X S C F E I M A T R F
D H K P O S I D E C A C E L B H P S Z D W A W Y Z
S D O O W N E E R G P R L C I Y W T A O B U L F H
P U V F L L W Q H G S X C E C U A G G C Z L K Y T
C N V C T Z A G C I O L A N S K I S B P F V C Y E
Z E S K T Y L W E Z E A I S B U D Q C H T A F Q Z

Rashford, Martial, Fernandes, Greenwood, Mata, Shaw, Maguire, Ibrahimovich, Pogba, De Gea, Wan Bissaka, Diallo, Lingard, DiMaria, VanDerBeek, Cavani, Herrera, McTommay, van Persie, Bailly

2. Fill The Gaps

Putting your United knowledge to the test. Fill in the gaps below with names, dates and appearances

Name	Manchester United career	Total Appearances
	1991–2014	
		758
	1994–2011 2012–2013	718
Bill Foulkes		
		602
Wayne Rooney		559
	1966–1979	539
Tony Dunne	1960–1973	
	1990–2002	
Joe Spence		510

3. Quiz Time

How good is your Manchester United knowledge. Lets put you to the test.

1. Old Trafford hosted its inaugural game on 19 February in which year?

2. Against who did we play that inaugural game at Old Trafford?

3. Who was the architect that designed Old Trafford?

4. Which two teams played in front of a 76,962 record attendance in 1939?

5. Following the war, United's first game back at Old Trafford was played on 24 August 1949. Against which team?

6. In what year was the first match played under floodlights at Old Trafford?

7. What was special about the 27 March 2021

8. The South Stand is also known as what?

9. How many spectators can the North Stand hold?

10. Old Trafford's record attendance as an all-seater stadium currently stands at what?

4. Find Giggs

Can you find Giggsy, lost in box below

```
G G G I S G G G I S G G G I S G G G I S G G G I S
G G I S G G G I S G G G I S G G G I S G G G I S G
G I S G G G I S G G G I S G G G I S G G G I S G G
I S G G G I S G G G I S G G G I S G G G I S G G G
G G G I S G G G I S G G G I S G G G I S G G G I S
G G I S G G G I S G G G I S G G G I S G G G I S G
G I S G G G I S G G G I S G G G I S G G G I S G G
I S G G G I S G G G I S G G G I S G G G I S G G G
G G G I S G G G I S G G G I S G G G I S G G G I S
G G I S G G G I S G G G I S G G G I S G G G I S G
G I S G G G I S G G G I S G G G I S G G G I S G G
I S G G G I S G G G I S G G G I S G G G I S G G G
G G G I S G G G I S G G G I S G G G I S G G G I S
G G I S G G G I S G G G I S G G G I S G G G I S G
G I S G G G I S G G G I S G G G I S G G G I S G G
I S G G G I S G G G I S G G G I S G G G I S G G G
G G G I S G G G I S G G G I S G G G I S G G G I S
G G I S G G G I S G G G I S G G G I S G G G I S G
G I S G G G I S G G G I S G G G I S G G G I S G G
I S G G G I S G G G I S G G G I S G G G I S G G G
G G G I S G G G I S G G G I S G G G I S G G G I S
G G I S G G G I S G G G I S G G G I S G G G I S G
G I S G G G I S G G G I S G G G I S G G G I S G G
I S G G G I S G G G I S G G G I I G G G I S G G G
G G G I S G G G I S G G G I S G G G I S G G G I S
G G I S G G G I S G G G I S G G G I G G G G I S G
G I S G G G I S G G G I S G G G I S G S G I S G G
I S G G G I S G G G I S G G G I S G G G I S G G G
G G G I S G G G I S G G G I S G G G I S G G G I S
G G I S G G G I S G G G I S G G G I S G G G I S G
```

5. United Wordwheel

The goal is to make as many words as you can make from the letters in the word wheel. And all the words should contain the letter in the center of the wheel and each letter can be used once. Minimum four letter words only and there is a nine letter United hero to find

10 words to find

Words

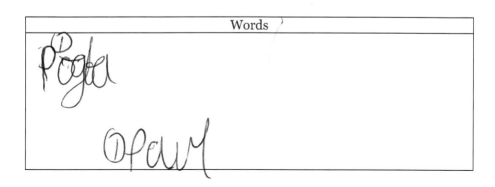

6. United Line Ups

One to challenge your United history
In this puzzle you need to name the starting eleven from the
1999 UEFA Champions League Final

_____

_____ _____ _____ _____

_____ _____ _____ _____

_____ _____

7. The Wordtrail

Going from top left to top right in one continuous line locate the popular chant, sung from the terraces

U	W	I	M	A	L	B	N	E	L	U	M	R	E	L	I	A	P	O	.
N	I	W	S	D	E	X	O	A	N	E	D	A	A	I	L	H	O	M	E
I	T	E	M	X	F	A	L	S	E	H	E	N	S	S	D	F	F	F	Q
F	Q	D	C	B	K	N	B	L	X	T	X	M	L	U	*	K	O	N	E
N	E	U	S	M	E	F	N	C	O	S	N	I	X	F	Y	S	Z	T	D
S	D	N	O	N	F	O	R	F	E	L	S	Y	S	D	T	M	S	H	E
E	T	I	M	A	N	M	E	V	E	R	B	Z	T	C	I	G	Q	E	Z
D	A	R	E	A	K	N	I	A	G	B	G	O	N	F	Q	J	A	G	U
F	Q	E	A	H	S	A	C	F	Q	H	Y	D	X	N	E	M	S	G	C
N	E	T	S	T	I	L	K	K	E	W	H	F	Q	H	A	L	O	K	G
O	O	H	L	E	W	S	A	N	N	O	X	N	E	L	U	M	R	K	S
E	T	E	S	M	I	W	C	K	X	B	A	O	A	N	E	D	A	O	M
A	M	F	O	R	O	L	A	P	S	D	G	L	S	E	H	E	N	C	G
C	S	A	U	O	Y	D	D	A	V	E	O	B	L	X	T	X	M	U	J
E	J	N	D	R	W	H	A	X	I	A	D	N	C	O	S	N	I	G	M
U	E	Y	N	C	H	E	C	K	G	H	E	R	F	E	L	S	Y	E	G
O	X	S	N	A	M	J	A	L	S	T	M	E	V	E	R	B	Z	B	N
O	A	Y	R	N	C	Y	T	M	M	A	B	N	U	Y	B	M	U	Y	A
G	E	G	U	J	G	A	M	A	N	M	B	A	M	J	A	L	S	T	M
E	O	Y	T	E	R	N	C	S	A	U	O	N	C	Y	T	M	M	A	B

8. The Hidden Word

The goal of the hidden word puzzle is to find the hidden word in a puzzle grid. When you write down the answers of the clues in the puzzle, you will find the hidden word.

1. Our Portuguese Magnifico
2. Defensive Captain
3. CR7
4. Spanish Wizard
5. Dutch Striker
6. Record signing
7. Twin
8. Mr Barthez
9. Irish Defender
10. Super Striker
11. United from 1994–2002

9. The United Sudoku

Fill the 9x9 grid with letters, so that each column, each row and each of the 3x3 subgrids that compose the grid contain all of the letters that you'd find in another name for the Stretford End

	A							D
S	W		T	E		T		
	N		S			A		
		N			W	S	A	
	E	S		N			T	
T			D			W		
D	T	E	N				S	
				W		T		
A					S		D	T

10. Criss Cross

No clues, just put the Goalkeepers in the right place
Hint – First names and Surnames are not always together

David De Gea
Fabien Barthez
Gary Bailey
Peter Schmeichel

Alex Stepney
Ray Wood
Sergio Romero
Harry Gregg

Tim Howard
Les Sealey
Jimmy Rimmer
Roy Carroll

11. The 2000s Player Wordsearch

Can you find all the players debuting from 2000-09 in the box below

0-3 Poor 4-7 OK 8-11 Average
12-16 Good 17-19 Very Good 20 Perfect

```
X D H K D E Q B K S N K F C L U K D M B V C F W O
Z U D G K Q B H E R W S V I W P R J F W X Q O U W
A X B O C X W V D E A A E D Q F U R S L Y H R R Q
V X I H G B A E M P L P S I R U L U N B N V L M F
I A S J C E C S S E L T G V F L E T C H E R A Z O
T M Y Q R A R I N X M Z Q N B C C S V Q A Q N T A
U C G G R W D C C P N C P K U X O O W L Q F J S B
J A R R X S I M B D Y N J K D S X Q U F S Y H D S
E A I X T A S N Z D V A H A S C I N B O B G D L I
H C R E B U F U R A B S K C Q K S J Q Y X B S V Z
K M T V P L K P I G W U C R O N A L D O L D Q E M
B U W H M T S G C Z I G V G R Q Y G X L G S U R Q
O R P F L C R P T P Z C R P L J F H N L U D W V T
Z P S F R F A Q Q D T A S F W K D T F Y R J R W K
K R Z E N Z G U V R G T R Z C V B A W H C V V P J
A I S R E K I R S D B G V A O S U Q N E Q E F T N
C L Z D Y I A J V D I R O T M F T E F D R X N E L
Q D Z I L F B R A X G T A Z O A R P Y O E Z M S P
S R O N P A F L V O W B L J L X C O N T Y R P I E
N M S A O V A N D E R S A R F N V H O N F D S D Y
A T H N Y O O R L E T S I N N A V J E N A J J O R
V R G D P X L C B X G M D P E N E V U D E L U D N
E T A P O U J U M L P C E T V I V N S U A Y F A A
V V S U R W B F J Q C Q S T O Y A A T L E L Q K J
P O P Z C I B Y N G V E N P P B Z C X W C X D C Q
```

Ronaldo, Rooney, Ferdinand, Carrick, van Nistelrooy, Evra, Vidic, Berbatov, Fletcher, Anderson, Nani, Valencia, Saha, Ji-Sung Park, Evans, Hargreaves, van der Sar, Macheda, Forlan, Veron

12. United Anagram Solver

Nice and Easy. Rearrange the letters to find the United legends.

1   Canine Actor   _____

2   Dab Hacked Vim   _____

3   Irrational Condos   _____

4   Chapels Soul   _____

5   Near Yoke   _____

6   Aced Only   _____

7   Dehydrating Mesh   _____

8   Alias Uh So   _____

9   Yarn Snob Bro   _____

10 Cello Pep Vest   _____

11 Leads Win   _____

12 Beset Curve   _____

13 Savager Nowhere   _____

14 Snarly Kiwi   _____

15 Aced Drawn Duns   _____

13. Quiz Time

How good is your Manchester United knowledge. Lets put you to the test.

1. Who comes third in the list of most appearances after Ryan Giggs and Sir Bobby Charlton?

2. Who scored four goals in 13 minutes against Nottingham Forest in the Premier League in 1999?

3. Which manager gave Dennis Law a free transfer in the summer of 1973 (after 11 years at the club)? And where did Law go?

4. Which player reached the milestone of 100 appearances for the club on 26 May 2021?

5. How many Premier League titles did Sir Alex Ferguson win with Manchester United?

6. Bryan Robson joined Manchester United in 1981 for a then record fee of £1.5 million from which club?

7. On the opening day of the 1996-97 season, David Beckham scored a goal from the halfway line to beat which club?

8. Which player wore the number 7 shirt after Cristiano Ronaldo left?

9. Four players have won the Ballon d'Or while playing for Manchester United, can you name them?

10. Which four members of the 1999 Treble-winning team made over 500 appearances for the club?

14. Word ZigZag

Find the players in the puzzle.
All the letters of the players must be connected by tiles on top, below, left
or right from it, but not diagonally.

A	N	E	I	H	O	L	B
E	V	V	E	B	H	E	S
C	I	L	L	E	C	S	G
B	K	H	A	E	B	S	C
E	C	A	M	L	L	H	V
L	E	I	A	V	I	B	L
A	G	I	S	E	S	T	U
S	G	G	I	N	B	T	B

_____   _____

_____   _____

_____   _____

15. Wordwheel

The goal is to make as many words as you can make from the letters in the word wheel. And all the words should contain the letter in the center of the wheel and each letter can be used once. Minimum four letter words only and there is a nine letter United legend to find

21 words to find

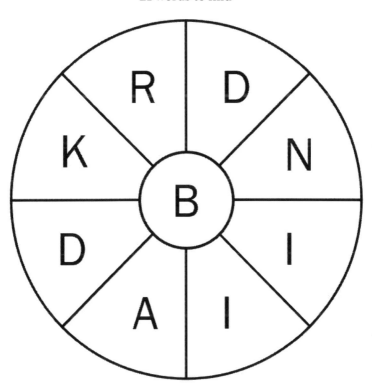

Words

16. Folded Paper

Guess the United players from the pieces of folded paper below

RUUD VAN NISTELROOY

FABIEN BARTHEZ

JIMMY GREENHOFF

QUINTON FORTUNE

KIERAN RICHARDSON

MEMPHIS DEPAY

HENRIKH MKHITARYAN

GARRY BIRTLES

17. The Wordtrail

Going from top left to bottom right in one continuous line locate the popular chant, sung from the terraces

F	R	E	A	M	A	N	A	L	B	N	E	L	U	M	R	K	S	Z	T
M	O	M	N	C	S	A	D	E	X	O	A	N	E	D	A	O	M	S	H
E	M	T	O	E	J	N	X	F	A	L	S	E	H	E	N	C	G	Q	E
E	M	H	C	U	E	Y	B	K	N	B	L	X	T	X	M	U	J	A	G
P	E	E	B	P	E	A	M	E	F	N	C	O	S	N	I	G	M	S	G
M	T	P	A	N	K	P	N	F	O	R	F	E	L	S	Y	E	G	U	B
B	N	E	L	U	S	E	A	N	M	E	V	E	R	B	Z	B	N	E	Y
X	O	A	N	E	O	F	A	B	A	N	U	Y	B	M	U	Y	A	L	G
A	L	S	E	H	A	T	X	S	N	A	M	J	A	L	S	T	M	Z	B
N	B	L	X	T	X	H	E	I	I	L	P	E	W	I	P	E	N	C	G
F	N	C	O	S	O	E	W	R	C	Y	A	W	P	L	E	P	M	U	J
O	R	F	E	L	E	L	O	S	I	A	N	D	F	L	T	F	I	G	M
M	E	V	E	R	E	L	T	E	A	E	A	E	I	G	H	I	Y	E	G
D	S	K	M	F	Q	H	A	L	O	K	G	H	A	T	H	G	Z	B	N
M	A	L	B	N	E	L	U	M	R	K	S	Z	I	F	T	S	U	Y	A
S	D	E	X	O	A	N	E	D	A	O	M	S	G	A	S	T	S	T	M
M	X	F	A	L	S	E	H	E	N	C	G	Q	H	T	A	N	M	A	B
C	B	K	N	B	L	X	T	X	M	U	J	A	E	F	M	U	N	M	B
S	M	E	F	N	C	O	S	N	I	G	M	S	T	O	R	N	E	D	F
O	N	F	O	R	F	E	L	S	Y	E	G	U	A	E	A	I	T	A	C

18. The Hidden Word

The goal of the hidden word puzzle is to find the hidden word in a puzzle grid. When you write down the answers of the clues in the puzzle, you will find the hidden word.

1. Striker
2. 80's Goalkeeper
3. Busby Babe
4. 60's King
5. French Defender
6. 529 appearances
7. Signed from Newcastle
8. Defender
9. Future legend
10. English forward 86-88
11. Irish forward

19. The United Sudoku

Fill the 9x9 grid with letters, so that each column, each row and each of the 3x3 subgrids that compose the grid contain all of the letters that you'd find in Clayton's surname

R		L	O			C		
	B				E			K
	C			R		L		
				K		E	L	
			R		O			M
O		E		M			K	
		A			K	O		E
M				B				
C			L					R

20. Criss Cross

No clues, just put the Defenders in the right place
Hint – First names and Surnames are not always together

Luke Shaw
Marcus Rojo
Nemanja Vidic
Rio Ferdinand

Henning Berg
David May
Paul Parker
Denis Irwin

Mike Duxbury
Bill Foulkes
Martin Buchan
Rafael

21. The 1990s Player Wordsearch

Can you find all the players debuting from 1990-99 in the box below

0-3 Poor 4-7 OK 8-11 Average
12-16 Good 17-19 Very Good 20 Perfect

```
Z H Q S L M K F E N A E K C L W W R A L K D X R I
O X R S K U E X V W E A Y V C U V I A G A I C W C
U W M S E P H J P Y Q Y W Y E O U A S I N U B B T
E K L L A T R L M C V G P W L G Y F H U C R C Y D
S M R V A E R H F T A M T N E R V G W T H X D A N
F N A L R L Y E G I G G S J H E J D K W E N O L E
K K T T E L I K A E Y T X I C D S C H O L E S S U
L W L F B I C K S J O T L J I N J Y V X S Z Y S Z
L B Q E X V O H F R S L L C E A W Q P I K M C I K
O M D I N E L Z D M O K S U M V S J G V I M R G A
T H A Y E N E L U D N B L T H S N R M T S W G T O
Z P O Y V H Q R V V G S O O C F E S T Z I U S L K
I Z Z G S W E C W O G H H P S B G U D N I N R A G
K W E X V B D K C J V K F L A O B N B U I J G G C
S R N R X M N I M I L H G X C C G K R M E P V T Z
D J H F Y V C O T S X C G K C B R T C T G X N O O
Y T W K T A B Q A I G O Z T S P U L T V Q G K T M
C O V Z N C T K J I Q W M D H M X M E F W O A Q J
Z I R T A L G B E C A N D J X L Z C A R H N S L N
M C O K V K Q P G T W G F N U U Q A M H Z W F O M
L N X V E G Z R D Z N D J O V I H W T Q K Z J K X
A T Y T S I V Q M O L B J I Q P X U T T G C I O V
S U B T O H A G T B S C G I D S P D P J P J E U U
A N A N A O Y I A E B V M A H G N I R E H S W B G
K M R Q F R Q X S D S Q E T X Z G U F V G T N R R
```

Cantona, Keane, Beckham, Neville, Butt, Scholes, Yorke, Cole, Stam, Sheringham, Solskjaer, Schmeichel, Berg, Giggs, May, Kanchelskis, Irwin, Blomqvist, Poborsky, van der Gouw

22. Fill The Gaps

Putting your United knowledge to the test. Fill in the gaps below with names, dates and goals scored

Name	Manchester United career	Goals
	2004–2017	
Bobby Charlton		
	1962–1973	237
Jack Rowley	1937–1955	
		179
Dennis Viollet	1953–1962	
	1991–2014	
Joe Spence	1919–1933	
	1983–1986 1988–1995	163
	1994–2011 2012–2013	155

23. Quiz Time

How good is your Manchester United knowledge. Lets put you to the test.

1. What was the club's original name before becoming Manchester United in 1902? And what were their original colours (two colours needed)?

2. Who were United's shirt sponsors from 1982 to 2000?

3. What is Sir Alex Ferguson's middle name?

4. In their first Premier League match Man Utd featured two foreign (not including Irish) players; name them?

5. In which year did Manchester United become the first English club to win the European Cup? And name both the successful manager and captain? Also, which club did they beat?

6. Who scored in 10 consecutive Premiership matches from 22 March 2003 to 23 August 2003?

7. Shortly after his departure from the club, Eric Cantona became captain of which French national team?

8. In the 1990s Manchester United had four captains. Name them?

9. Which two United players were members of England's 1966 World Cup winning team?

10. Manchester United beat which team 8-2 in the 2011/12 Premiership season?

24. United Anagram Solver

Nice and Easy. Rearrange the letters to find the United legends.

1 Vacate Riper _____

2 Enamored Withins _____

3 Jeeps Loners _____

4 Cad Partner _____

5 By Tuck Nit _____

6 A Honeys Ugly _____

7 Dad Idea Veg _____

8 Pillagers Arty _____

9 By Err Johnny _____

10 Dad Veg Pig _____

11 Lacy Sir Mommy _____

12 Gnome Rhyme Jiff _____

13 Zeal Coverts _____

14 Darn Ones _____

15 Creche Theme Slip _____

25. Wordwheel

The goal is to make as many words as you can make from the letters in the word wheel. And all the words should contain the letter in the center of the wheel and each letter can be used once. Minimum four letter words only and there is a nine letter midfield legend to find

11 words to find

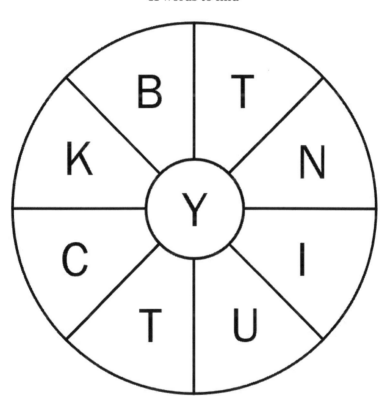

Words

26. United Line Ups

One to challenge your United history
In this puzzle you need to name the starting eleven from the
2008 UEFA Champions League Final

_____

_____ _____ _____ _____

_____ _____ _____ _____

_____ _____

27. The Wordtrail

Going from top left to bottom right in one continuous line locate the popular chant, sung from the terraces

W	A	M	X	F	A	L	S	E	H	E	B	K	N	B	L	X	T	X	M
E	A	C	B	K	N	B	L	X	T	X	M	E	F	N	C	O	S	N	I
E	R	B	L	W	L	E	U	R	S	L	N	F	O	R	F	E	L	S	Y
T	S	N	C	A	L	W	L	O	P	J	A	N	M	E	V	E	R	B	Z
H	E	R	F	F	A	O	H	T	E	G	A	B	A	N	U	Y	B	M	U
S	P	R	G	O	G	S	E	C	K	L	X	S	N	A	M	J	A	L	S
O	S	I	D	E	A	N	C	O	O	F	A	Y	R	N	C	Y	T	M	M
S	Q	B	L	W	A	B	G	O	W	T	E	G	U	J	G	A	M	A	N
A	G	N	C	H	T	R	O	N	E	H	O	Y	T	E	R	N	C	S	A
F	Q	R	F	W	M	Z	B	S	O	L	O	S	E	A	A	W	T	W	T
N	E	A	H	E	B	N	F	L	Y	S	O	R	T	N	D	T	B	E	A
O	A	T	Q	S	B	I	S	C	E	T	F	U	W	T	L	W	U	E	R
L	S	E	T	Q	O	U	M	B	N	S	C	O	D	E	E	D	O	T	T
B	L	S	H	E	A	N	O	C	K	L	G	W	S	T	O	Y	E	H	A
N	C	A	N	S	A	B	C	B	L	A	N	E	A	N	A	N	M	Q	T
R	F	A	B	C	O	U	E	N	C	A	B	A	A	B	T	T	A	H	E
E	V	N	I	G	M	S	H	R	F	U	E	R	H	O	U	W	N	C	S
E	L	S	Y	E	G	E	T	S	L	N	I	L	T	T	B	L	R	E	T
E	R	B	Z	B	N	R	S	A	N	S	T	E	I	T	N	C	B	T	W
Y	B	M	U	Y	A	S	S	A	B	S	L	D	W	S	R	F	O	Y	S

28. The Hidden Word

The goal of the hidden word puzzle is to find the hidden word in a puzzle grid. When you write down the answers of the clues in the puzzle, you will find the hidden word.

1. Tough midfielder
2. Scottish player 87-98
3. 99 CL Hero
4. Full Back 485 appearances
5. Mr Whiteside

6. Captain
7. Wazza
8. Modern defender
9. From Brazil
10. 20Legend
11. Busby Babe

29. The United Sudoku

Fill the 9x9 grid with letters, so that each column, each row and each of the 3x3 subgrids that compose the grid contain all of the letters that you'd find in a United defender

			I					
		S	J				L	H
	N		L			S	E	
				H				N
		I	P		J	O		
P			S					
	O	E			I		J	
J	I				P	N		
	P				E			

30. Criss Cross

No clues, just put the Midfielders in the right place
Hint – First names and Surnames are not always together

Paul Pogba   David Beckham   Nobby Stiles
Nani   Bryan Robson   Neil Webb
Roy Keane   Gordon Hill   Paul Ince
Nicky Butt   Ander Herrera   Anderson

31. The 1980s Player Wordsearch

Can you find all the players debuting from 1980-89 in the box below

0-3 Poor 4-7 OK 8-11 Average
12-16 Good 17-19 Very Good 20 Perfect

```
V V J X S Y Z W C B D C W B K Y Z M Z V Y I E W G
P Q X N E Z S R A L G I W X R U X A E K E R L J K
C C D L B N Q T X A K L A K F Z F G F B E R T H T
E M A O A S A E C B E Z R H M Q M A X X F D L Q H
Y E Z M N N B Y C I F Y W R A T O T D Y H F W L O
S O D Y O A X P G I M U L C U P Z H F T F D D N Q
Y I E H X A G H O F F C N E M V X I U M L R A P W
G D L R M H T H V B J F E E Y F E H R J T R K E W
L V U K A O R W Y W A V R A A C F X A I F H K D I
W X R M N J P P I T H H H A R K Z P V E E H A I F
R G I E Q Y Y H M Z H H U F W G A A Z V S J P S K
E L J S T A P L E T O N M Y W Z K F N H C U V E W
L A Z Y B S E S K M X S R Q H P G U W L V F P T C
M E C U R B I D V M F H P W F L S C Z T I L N I S
C D Z K L W V L N A T N G E P P A G M H X Z N H U
C F N C H D D Z L A L A N O S R E D N A D Q A W O
L H E V D A N K R A U L P O E D B L A C K M O R E
A R V M H T R G T K P E Q L L K E A V V U F S H B
I M K L P T C N Y O J H E C X S T V S N D T B J R
R R J B E M Q E C D B P B T M N E H R E R W B L R
B A K G W D X E F U Y H V W R B J N O A H Q B E O
D W L E N E F X H Y P V I K L F E Y C K Z G T O B
R Q S M W X F V Y P X Y S V R H L H W F E T U F I
C S T N O S B O R R B E P R K T A E I B M I C H N
D T E J W B U V L Q S Q Y R H N U H J C H D X M S
```

Robson, Hughes, Whiteside, McGrath, Blackmore, Olsen, McClair, Strachan, Bruce, Pallister, Phelan, Gidman, Stapleton, Donaghy, Robins, Leighton, Anderson, Brazil, Muhren, Sealey

32. The Maze

Can you help the player locate the net and score

33. Quiz Time

How good is your Manchester United knowledge. Let's put you to the test.

1. Manchester United legend Sir Matt Busby served most of his playing career with which English club?

2. The 'United Trinity' refers to which trio of Manchester United players, as featured in a statue outside Old Trafford?

3. Who netted United's first-ever Premier League goal?

4. How many Manchester United players were in England's Euro 2016 squad? And can you name them?

5. Who was the Club captain of Manchester United in the inaugural 1992/93 Premiership season?

6. Which former Manchester United player had the nickname 'Chicharito' on his shirt? And what's the translation?

7. Eric Cantona scored the first hat-trick in the Premier League; how many hat-tricks did he score for Manchester United in the Premier League in total?

8. Which Man Utd favourite managed a Welsh club in 2014?

9. Who made 206 consecutive league appearances between 1977 and 1981?

10. Which former Arsenal manager was a United captain in the 1970s?

34. Find Pogba

Can you find Pogba, lost in the box below

```
P O B G A P O B G A P O B G A P O B G A P O B G A
O B G A P O B G A P O B G A P O B G A P O B G A P
B G A P O B G A P O B G A P O B G A P O B G A P O
G A P O B G A P O B G A P O B G A P O B G A P O B
A P O B G A P O B G A P O B G A P O B G A P O B G
P O B G A P O B G A P O B G A P O B G A P O B G A
O B G A P O B G A P O B G A P O B G A P O B G A P
B G A P O B G A P O B G A P O B G A P O B G A P O
G A P O B G A P O B G A P O B G A P O B G A P O B
A P O B G A P O B G A P O B G A P O B G A P O B G
P O B G A P O B G A P O B G A P O B G A P O B G A
O B G A P O B G A P O B G A P O B G A P O B G A P
B G A P O B G A P O B G A P O B G A P O B G A P O
G A P O B G A P O B G A P O B G A P O B G A P O B
A P O B G A P O B G A P O B G A P O B G A P O B G
P O B G A P O B G A P O B G A P O B G A P O B G A
O B G A P O B G A P O B G A P O B G A P O B G A P
B G A P O B G A P O B G A P O B G A P O B G A P O
G A P O B G A P O B G A P O B G A P O B G A P O B
A P O B G A P O B G A P O B G A P O B G A P O B G
P O B G A P O B G A P O B G A P O B G A P O B G A
O B G A P O B G A P O B G A P O B G A P O B G A P
B G A P O B G A P O B G A P O B G A P O B G A P O
G A P O B G A P O B G A P O B G A P O B G A P O B
A P O B G A P O B G A P O B G A P O B G A P O B G
P O B G A P O B G A P O B G A P O B G A P O B G A
O B G A P O B G A P O B G A P O B G A P O B G A P
B G A P O B G A P O B G A P O B G A P O B G A P O
G A P O B G A P O B G A P O B G A P O B G A P O B
A P O B G A P O B G A P O B G A P O B G A P O B G
```

35. Wordwheel

The goal is to make as many words as you can make from the letters in the word wheel. And all the words should contain the letter in the center of the wheel and each letter can be used once. Minimum four letter words only and there is a nine letter defensive legend to find

60 words to find

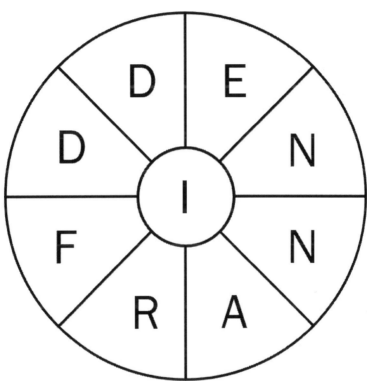

Words

36. Twelve Letter United Heroes

Can you unscramble the letters to find the United heroes

H	R	U	R
M			A
E			Y
R	G	A	I

¹

A	I	N	M
A			N
J			C
E	T	A	M

²

_____

A	E	A	I
D			K
H			B
V	C	M	D

³

A	L	L	N
N			C
A			E
R	T	U	B

⁴

_____

O	E	I	R
R			G
E			S
E	O	R	M

⁵

C	A	I	A
L			M
C			N
R	R	B	I

⁶

_____

37. The Wordtrail

Going from middle left to middle right in one continuous line locate the popular chant, sung from the terraces

R	O	M	X	F	A	L	S	E	H	E	N	C	G	Q	E	Z	L	X	W
T	O	C	B	K	N	B	L	X	T	X	M	U	J	A	G	U	A	Y	E
U	B	S	M	E	F	N	C	O	S	N	I	G	M	S	G	C	H	O	D
I	O	O	N	F	O	R	F	E	L	S	Y	E	G	U	B	S	Q	C	C
A	K	S	T	R	Q	Z	U	T	T	O	L	E	P	F	Q	H	A	L	A
K	H	E	N	E	P	L	O	P	O	N	I	G	E	N	E	L	U	M	V
O	T	R	E	T	L	R	O	R	P	E	P	H	L	O	A	N	E	D	Y
E	E	L	X	F	O	Z	G	T	N	O	R	T	U	L	S	E	H	E	B
S	A	B	A	L	R	K	S	J	R	D	O	Z	N	N	T	H	E	K	I
I	X	S	N	E	D	L	J	W	A	Y	P	E	L	E	N	K	W	A	Y
O	O	Q	D	N	N	I	G	E	C	O	S	S	Z	X	O	E	A	B	A
B	L	X	A	R	S	Y	E	H	F	E	L	S	P	K	O	L	X	S	N
N	C	O	R	Q	B	Z	B	T	N	P	L	Y	O	U	Z	B	K	M	B
R	F	E	I	S	I	E	F	N	O	B	H	E	F	R	O	U	O	U	H
E	V	E	S	Q	N	F	O	R	E	H	A	L	O	E	R	K	R	N	I
N	U	Y	Q	S	G	I	N	B	L	L	U	M	R	Z	E	E	T	K	G
A	M	J	B	N	E	S	E	U	N	I	G	D	N	A	D	E	S	H	E
N	C	Y	X	O	A	E	X	O	S	Y	E	W	Q	Z	L	S	Q	E	Z
J	G	A	A	L	S	E	T	R	B	Z	B	H	I	T	E	I	A	G	U
E	R	N	N	B	L	A	E	D	M	U	F	C	D	E	W	S	S	G	C

38. The Hidden Word

The goal of the hidden word puzzle is to find the hidden word in a puzzle grid. When you write down the answers of the clues in the puzzle, you will find the hidden word.

1. Theatre of...
2. Manager
3. T&T Striker
4. Safe hands
5. South African MF
6. Full back 73-78

7. Irish Defender
8. Unstoppable goal machine
9. Mr Beckham
10. French defender
11. Backflipper
12. 378 appearances

39. The United Sudoku

Fill the 9x9 grid with letters, so that each column, each row and each of the 3x3 subgrids that compose the grid contain all of the letters that you'd find in the most successful manager.

					A	F	E	
A	F	E			O		R	
O		R			S	U	G	
S	U	G						
					A	F	E
	A	F	E			O		R
	O		R			S	U	G
	S	U	G					

40. Criss Cross

No clues, just put the Strikers in the right place
Hint – First names and Surnames are not always together

Robin van Persie   Lou Macari   Wayne Rooney
Dwight Yorke   Dimitar Berbatov   Diego Forlán
Andy Cole   Anthony Martial   Carlos Tevez
Joe Jordan   Eric Cantona   Michael Owen

41. The 1970s Player Wordsearch

Can you find all the players debuting from 1970-79 in the box below

0-3 Poor 4-7 OK 8-11 Average
12-16 Good 17-19 Very Good 20 Perfect

```
Y T O P B Q P C P S Y I W G S N X N A H C U B T L
U O H S W M O O E E A R C I F E O C A R J G M V F
J D R I R P H H A G B A Z I L T B B A D M O L R Y
E O G L P D L H R G A C O H S K T F R F R S F Z E
O Q B E I N A Y S Q M A P I E I I B C S N O S C D
W L L L O C N T O R S M B X E X J N R L V N J U R
N L Y K S S M R N C F L K Y Z S L D S W E Y W I S
Q D J M A J U I U E A I S M P P R T W V R E H L V
W E G M D A F N X P S N B G B D Y F O D C L F N J
K Q O G Z L R M K R G M Y V G Q B C Q E X I T Y T
W H N T M W D W G T L W Y O R V Y F Y B X A F R Y
T V B D S A B V E I E L T C B I Z U A F U B G T S
O D C B Z S C L I R B I Q C J I U U K X S K H T R
N N I C H O L L B E O M H V M Y S S D E B A M O U
O L Z R Y A H Q L F H S E P D K R M W F M W W Z F
B B M D K R U R I Z T U N K T N L E W O R F S F P
E J P L O K N I N M D T G D F D M O E X T O O H C
N C R X C X C N Q A Z H C R I D S I Y R T Z O O Y
E G C Q J R H F P J S I T S E M I R G Q C U V A T
E U I L P T W L I K J L N J N E A M T X S C E W F
U X K X Y G F P A D R L B L T S N L M T T G M H H
Q K J S V X Y S M F Z S O T O Z W H O U O B X O P
C C R D A L Y D G L W Q R I R W C N O A M O R A N
M O H M Y Y J I W L L B S J D F X Y W F U Z I M O
F E T R U E H H M M K E Z P F P L L V J F M A I S
```

McIlroy, Macari, Albiston, Nicholl, Greenhoff, Hill, Coppell, Grimes, Jordan, McQueen, Thomas, Moran, Wilkins, Pearson, Houston, Buchan, McCreery, Bailey, Forsyth, Daly

42. Fill The Gaps

Putting your United knowledge to the test. Fill in the gaps below with managers, dates and games in charge

Name	Manchester United From-To	Games in Charge
	June 1981 - November 1986	
Matt Busby		1120
	July 2013 - April 2014	
	June 1969 - December 1970	87
	May 2016 - December 2018	
Tommy Docherty		228
Alex Ferguson		
	November 1937 - February 1945	76
		103
	April 2014 - May 2014	4

43. Quiz Time

How good is your Manchester United knowledge. Let's put you to the test.

1. Which club did Wayne Rooney score a hat trick against on his United debut?

2. Which United player scored an extra time goal to win the 2016 FA Cup final?

3. Which United player became the first ever to be sent off in an FA Cup Final?

4. Who scored Bayern Munich's goal in the 1999 European Cup Final?

5. A scout sent a telegram to a Manchester United manager saying 'I think I've found you a genius'. Which player was the scout referring to?

6. Three players who played in the same Manchester United team won European Footballer of the Year award, now the Ballon D'or. Name them.

7. Who is the oldest player to play for Manchester United in the post-war period?

8. Against which team did George Best scored six goals in 1970?

9. From which team did Manchester United purchase Fred in 2018?

10. In what year did Manchester United purchase Cristiano Ronaldo from Sporting Lisbon?

44. Word ZigZag

Find the players in the puzzle.
All the letters of the players must be connected by tiles on top, below, left
or right from it, but not diagonally.

W	S	T	A	T	I	T	Y
A	L	C	T	I	T	E	E
S	R	N	A	T	S	P	N
A	C	F	I	K	I	I	A
L	R	D	D	F	L	N	R
R	L	S	A	N	S	E	T
A	T	O	L	A	T	B	L
H	C	N	S	D	R	E	H

_____   _____

_____   _____

_____   _____

45. Wordwheel

The goal is to make as many words as you can make from the letters in the word wheel. And all the words should contain the letter in the center of the wheel and each letter can be used once. Minimum four letter words only and there is a nine letter little pea to find

21 words to find

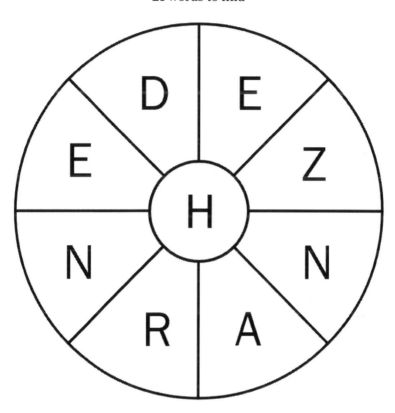

Words

46. United Line Ups

One to challenge your United history
In this puzzle you need to name the starting eleven from the
1968 European Cup Final

_____

_____   _____   _____   _____

_____   _____   _____

_____   _____   _____

47. The Wordtrail

Going from middle left to middle right in one continuous line locate the popular chant, sung from the terraces

F	E	M	A	N	M	E	V	E	R	B	Z	B	N	S	Q	G	U	H	L
V	E	H	I	S	K	I	S	P	R	E	Y	M	A	A	G	B	H	E	F
U	Y	H	E	N	I	E	F	H	G	P	O	O	Y	F	Q	H	A	L	O
M	J	W	H	S	P	S	A	R	E	H	H	A	L	N	E	L	U	M	R
C	Y	Y	P	P	A	E	L	S	Y	S	F	P	A	O	A	N	E	D	A
G	A	S	I	P	H	E	R	B	Z	E	H	S	N	P	S	O	L	H	S
R	N	H	E	M	E	Y	B	M	U	A	N	I	G	M	Y	P	S	S	I
N	O	I	K	F	P	J	A	L	S	R	S	Y	E	G	M	A	K	J	H
N	C	I	A	M	F	Y	T	M	M	E	B	Z	B	N	H	T	S	A	S
Y	O	U	I	U	O	A	M	A	N	R	M	U	Y	A	S	T	P	E	Y
K	G	A	U	B	Y	N	C	S	A	W	L	S	T	M	H	N	I	R	A
K	S	R	E	Y	R	E	A	P	S	A	S	F	U	H	D	O	H	A	W
Y	M	E	L	G	P	L	J	B	H	E	F	U	N	I	E	A	S	D	E
S	H	I	Z	B	S	S	K	H	A	L	O	*	K	G	S	O	M	X	F
O	I	H	N	F	O	L	S	L	G	N	I	K	K	S	A	O	C	B	K
L	S	K	I	S	S	R	B	Z	D	E	A	L	I	L	E	B	S	M	E
H	R	J	I	L	Y	B	M	U	M	A	R	I	L	P	S	O	O	N	F
T	A	A	H	N	I	A	L	S	O	Y	E	R	S	O	I	S	M	A	N
T	D	E	I	O	H	A	C	S	Q	G	U	H	L	U	H	G	T	A	B
H	E	R	M	Y	B	M	C	A	G	B	H	E	F	N	I	O	O	X	S

48. The Hidden Word

The goal of the hidden word puzzle is to find the hidden word in a puzzle grid. When you write down the answers of the clues in the puzzle, you will find the hidden word.

1. Chicharito
2. Cristiano's nickname
3. Runs down the wing
4. Serbian
5. Busby Babe
6. 758 appearances
7. _____ Williams
8. Swedish legend
9. Scots goalie
10 96th minute winner
11. Uruguyan

49. The United Sudoku

Fill the 9x9 grid with letters, so that each column, each row and each of the 3x3 subgrids that compose the grid contain all of the letters that you'd find in a striker from the 1980s.

	N				E	S		
T	S			N			T	O
		O					P	
	E		T	L				S
L				E	N		T	
S	T					O		
N	O			P			L	T
		L	E				S	

50. Criss Cross

No clues, just put the Managers in the right place
Hint – First names and Surnames are not always together

Louis van Gaal
Jose Mourinho
Ole Gunnar
Solskjaer
David Moyes

Alex Ferguson
Ron Atkinson
Dave Sexton
Tommy Docherty

Matt Busby
Frank O'Farrell
Scott Duncan
Walter Crickmer

51. The 1960s Player Wordsearch

Can you find all the players debuting from 1960-69 in the box below

0-3 Poor 4-7 OK 8-11 Average
12-16 Good 17-19 Very Good 20 Perfect

```
K I Y F A D L T W K B Z P S E U A F W G E C D X S
R S G J Z A M S E C X A Y L W R W W T U A A U S L
R R V S S M V B E I C Z B C L H U T P Z O O Y K X
V H V V B H G V Y R J O Y X L V I M Z H U Q M D U
Q W E V T D K B R T N N M E B X Y X O A E F R N B
R V E R S P O C H A F G V C N P W V L L E M O A F
Q A O L D T X O Z P H J C W O P I B X G O L A R Y
S G T H R W N Q A Z T S A Y E X E H C I Z V A E S
B K O G M E Z Q K T Y P N Y N K B T R I V W G R C
E N F F V G J Q I I T R T B H S V V S Z M I F C V
L E J B Q I S E N F R D W I Y I O G V R R S U G D
F J B O B S B A S A D L E R F U E E S S Y R X H P
Q B A F K L G T L C Y T L C O H I X R R S C N U Q
O T M U N R W P U E B L L A N S I H C I H P G U N
K N X L O E Y S N O U Y A O U T S E B V M Z O F C
L Q A M A K F A A O R F Z F Q T E D J B P M Z C O
J T U A L A T R M N S Z L D J N C Y D O W T E H Y
M L W A C U Q T O V R L M O U S U T S I L F N R O
E J B W I C D O R E N M O S N G E V T J K H A L Z
S R E T T E S R D R Q F B H W B F M U D P B P W D
T W Y R S S Y I D U I B W E C I Q N Z D N J J G T
Q O A L I Q Q U T Y O O M H P I O Z A N I D F Z T
B C A R H U N G O W L I N G C Y N T V I D F A D L
Q W R Z Y N Q A B I E S J O F I Q O B J Y A F I K
Q C L Z E K J M T T B S E T P R X J B D K T A H P
```

Law, Best, Kidd, Crerand, Morgan, Sadler, Herd, Cantwell, Dunne,
Setters, Stepney, Fitzpatrick, Noble, Gowling, Rimmer, Sartori,
Moir, Chisnall, Nicholson, Ure

52. United Anagram Solver

Nice and Easy. Rearrange the letters to find the United legends.

1   Akin Swirly   _____

2   Level Hip Nil   _____

3   Jenny Horn Son   _____

4   A Triathlon Many   _____

5   Banana Asia Works   _____

6   Narrates Pouts   _____

7   Garage Germ Oh   _____

8   Laid News   _____

9   Add Hid Rev   _____

10 Malty My Root   _____

11 Befoul Skill   _____

12 Leapers Eh   _____

13 Crab Criminal   _____

14 Brew Owns   _____

15 A Jam Spat   _____

53. Quiz Time

How good is your Manchester United knowledge. Let's put you to the test.

1. Against which team did Manchester United record their highest ever Premier League win, defeating them 9-0 in 1995?

2. Which team did Peter Schmiechel join Manchester United from? And which team did he leave Old Trafford for?

3. Who was Sir Alex Ferguson's signing as Manchester United manager?

4. Sir Matt Busby stepped down as Manchester United manager in 1969. Who replaced him?

5. Which player did Sir Alex Ferguson once admit was his worst ever purchase as Manchester United manager?

6. Which Manchester United player won the English Footballer of the Year and PFA Player of the Year awards in 2000?

7. Which team ended Manchester United's European Cup campaign at the semi final stage in 1998?

8. Which Manchester United player missed their penalty in the Champions League final shoot-out in 2008 which United ultimately won against Chelsea?

9. Which team did Manchester United sign Steve Bruce from?

10. Since the 1980s, which Manchester United players have been full time captains England? There are four.

54. Twelve Letter United Heroes

Can you unscramble the letters to find the United heroes

1

Y	S	O	O
N			H
N			E
N	R	N	J

_____

2

E	V	O	S
L			P
P			L
T	E	E	C

_____

3

I	D	A	S
E			L
R			G
S	N	E	J

_____

4

N	B	W	A
K			E
D			L
Y	E	C	N

_____

5

A	K	H	S
T			E
C			O
M	I	Y	M

_____

6

O	A	W	E
L			N
T			E
L	L	C	N

_____

55. Wordwheel

The goal is to make as many words as you can make from the letters in the word wheel. And all the words should contain the letter in the center of the wheel and each letter can be used once. Minimum four letter words only and there is a nine letter incredible talent to find

32 words to find

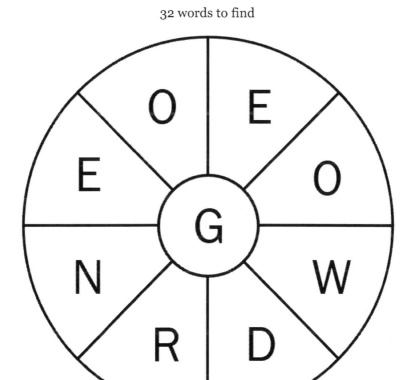

Words

56. Folded Paper

Guess the United players from the pieces of folded paper below

FRANK STAPLETON

JAVIER HERNANDEZ

SCOTT MCTOMINAY

GORDON STRACHAN

ROBIN VAN PERSIE

DIMITAR BERBATOV

JIMMY RIMMER

DARREN FERGUSON

57. The Wordtrail

Going from top left to bottom right in one continuous line locate the popular chant, sung from the terraces

R	Y	F	A	L	S	E	H	E	N	C	G	A	K	N	A	M	K	G	H
N	A	K	N	B	L	X	T	X	M	U	J	D	B	Y	D	A	K	S	Z
G	N	A	M	Y	B	I	T	H	E	D	S	E	K	T	E	E	O	M	S
I	G	G	F	J	A	A	N	D	W	A	A	R	I	H	A	D	C	G	Q
F	A	S	F	Y	T	K	W	Z	I	S	E	A	E	E	B	L	U	J	A
K	N	R	Y	A	M	D	O	S	N	G	F	I	D	E	I	U	G	M	S
E	F	N	A	N	C	G	S	I	D	Z	E	E	A	I	E	E	E	G	U
F	O	G	A	O	E	N	D	N	A	M	D	E	V	O	L	S	B	N	E
N	M	I	G	G	K	I	N	N	U	D	B	E	A	E	E	D	Y	A	L
B	A	U	R	S	A	K	A	S	R	Z	Y	T	H	E	A	E	T	M	Z
S	N	N	N	A	M	I	G	G	S	S	D	Z	H	R	I	D	A	B	N
Y	R	N	K	Y	B	G	O	G	Q	E	Z	S	D	E	E	A	M	B	I
Z	K	I	N	J	A	N	A	J	A	G	U	R	H	Z	G	S	R	Y	B
K	O	D	G	Y	T	O	Y	M	S	G	C	Y	A	D	G	A	Y	J	A
O	W	F	S	A	M	S	R	G	U	B	S	D	N	G	I	N	Z	Y	T
Z	N	T	H	N	C	G	O	N	E	Y	A	K	S	Z	I	G	D	A	M
O	D	S	E	O	E	G	K	A	L	G	O	O	M	S	G	D	Z	N	C
K	N	I	W	N	G	I	O	M	Z	B	S	C	G	Q	G	Y	A	O	E
S	G	R	Y	A	Z	S	K	B	N	F	L	U	J	A	S	R	N	G	S
O	D	S	O	S	D	O	Z	B	I	S	C	G	M	S	D	Z	G	I	S

58. The Hidden Word

The goal of the hidden word puzzle is to find the hidden word in a puzzle grid. When you write down the answers of the clues in the puzzle, you will find the hidden word.

1
2
3
4
5
6
7
8
9
10
11
12

1. Goalkeeper 1956-67
2. Dutch striker
3. Surname is a country
4. From Japan
5. Twin
6. Swedish winger
7. Busby Babe
8. The Belfast Boy
9. Centre Back
10. Goalie
11. 461 appearances
12. Midfielder 1981-88

59. The United Sudoku

Fill the 9x9 grid with letters, so that each column, each row and each of the 3x3 subgrids that compose the grid contain all of the letters that you'd find in a player with a Fish 'n' Chip shop

	U			R				L
	A	M		L		A		
I				A		O		
		O			A		L	
U				L		A		
A	I			C				O
		C	A		O			
		I	C				O	A
					R		C	A

60. Criss Cross

No clues, just put the Strikers in the right place
Hint – First names and Surnames are not always together

Odion Ighalo   Alan Smith   Marcus Rashford
Henrik Larsson   Garry Birtles   Danny Welbeck
Edinson Cavani   Billy Whelan   Mark Hughes
Zlatan Ibrahimovic   Memphis Depay   Brian Kidd

61. The 1950s Player Wordsearch

Can you find all the players debuting from 1950-59 in the box below

0-3 Poor 4-7 OK 8-11 Average
12-16 Good 17-19 Very Good 20 Perfect

```
D E S S X H Z K M S F B J G F I M B M T E R A U B
I R H C Z B V T X U D D R N K T M O Q T D C H G R
M E F P A J E D L D Q E H A H V H V E Y W K C M S
Q U H K H N X R G E G P Z M R P N L R E A S R G L
N A L E H W L Y T G D R C L Z A L Y N J R Y S X J
S E K L U O F O K V D H S O I O X R T F D W G C S
S A S F R U O I N K R T E C I N Y I H R S P R D W
B L A N C H F L O W E R N V A B E U X Z E R E R H
K I X W Q H O D P K Z U O I C Q V Y Y G K H I Z N
C F C N P O D B A T U V J P F L L U G J K J O T A
T G J K B W G W I W T V V Y M D T P J A Y L P D I
F A S I Y N M E C P D V M P E J L L A H B T K K L
Z S Y G Y E W W A V K Y V O P P S K S A D J U Q F
E O E L W H F T O C T S S T E K R E M P H B V U A
T W H W O U U M G K O I S T Y N O T L R A H C I T
X M T N E R S C E A H T N C E J A K E I Q E L A C
W A R W A G L G N A B Q V Q H Y I J T Y T N A G F
Y I R M J A R U A X N S G O O D W I N D T S A P Y
J C M M W W N I H O S X O F T Z G A Q D P R R Z L
Y W R T Q W N N S B J W A S O O M T U P V T H E B
Z R O T Q I Z N C P D I O F A V K H E C G D B C L
L N R U S U C E M N P R Z X F J C J N C J R S E U
M M R E U M R S I W N X R J T J T H X L S T A Y F
W R L P B W V S J Y P P A L T G O M R J I P N G S
O R D I C A D C I H H D Y Z G O B Q Z G T I H I Q
```

Gregg, Charlton, Stiles, Colman, Byrne, Blanchflower, Taylor,
Edwards, Pegg, Foulkes, Berry, Jones, Viollet, Goodwin, Scanlon,
McGuinness, Lawton, Whelan, Doherty, McShane

62. Fill The Gaps

Putting your United knowledge to the test. Fill in the gaps below with players, transferred to/from and the estimated fee

Name	From	To	Fee
	Paris SG	Manchester United	Free
		Manchester United	£78.30M
Anthony Martial		Manchester United	£54.00M
	Athletico Madrid	Manchester United	£22.50M
	Manchester United		£85M
	Manchester United	Barcelona	£4.5M
Phil Neville	Manchester United		
Rio Ferdinand		Manchester United	
	PSV Eindhoven	Manchester United	£25.65M
Dwight Yorke		Manchester United	

63. Quiz Time

How good is your Manchester United knowledge. Let's put you to the test.

1.   Which player is affectionately known as 'The King' to Manchester United fans?

2.   Which two players were suspended for Manchester United's 1999 Champions League final triumph?

3.   Prior to wearing No. 7, David Beckham wore which number at Manchester United?

4.   Who scored the winning goal for Manchester United in their 2-1 Champions League final victory in 1999?

5.   Which player holds the distinction of being Manchester United's longest-serving captain?

6.   Which player took the No. 7 jersey after Cristiano Ronaldo left?

7.   Alex Ferguson famously kicked a boot at which player, injuring his eye?

8.   Which Brazilian twin brothers played for Manchester United?

9.   Louis van Gaal mistakenly referred to which Manchester United player as 'Mike' in a press conference?

10.   The players who progressed to the Manchester United first-team under Matt Busby were known as what?

64. Find Bruno

Can you find Bruno, lost in the box below

```
B R N U O B R N U O B R N U O B R N U O B R N U O
R N U O B R N U O B R N U O B R N U O B R N U O B
N U O B R N U O B R N U O B R N U O B R N U O B R
U O B R N U O B R N U O B R N U O B R N U O B R N
O B R N U O B R N U O B R N U O B R N U O B R N U
B R N U O B R N U O B R N U O B R N U O B R N U O
R N U O B R N U O B R N U O B R N U O B R N U O B
N U O B R N U O B R N U O B R N U O B R N U O B R
U O B R N U O B R N U O B R N U O B R R U O B R N
O B R N U O B R N U O B R N U O B R N U U B R N U
B R N U O B R N U O B R N U O B R N U O B N N U O
R N U O B R N U O B R N U O B R N U O B R N O O B
N U O B R N U O B R N U O B R N U O B R N U O B R
U O B R N U O B R N U O B R N U O B R N U O B R N
O B R N U O B R N U O B R N U O B R N U O B R N U
B R N U O B R N U O B R N U O B R N U O B R N U O
R N U O B R N U O B R N U O B R N U O B R N U O B
N U O B R N U O B R N U O B R N U O B R N U O B R
U O B R N U O B R N U O B R N U O B R N U O B R N
O B R N U O B R N U O B R N U O B R N U O B R N U
B R N U O B R N U O B R N U O B R N U O B R N U O
R N U O B R N U O B R N U O B R N U O B R N U O B
N U O B R N U O B R N U O B R N U O B R N U O B R
U O B R N U O B R N U O B R N U O B R N U O B R N
O B R N U O B R N U O B R N U O B R N U O B R N U
B R N U O B R N U O B R N U O B R N U O B R N U O
R N U O B R N U O B R N U O B R N U O B R N U O B
N U O B R N U O B R N U O B R N U O B R N U O B R
U O B R N U O B R N U O B R N U O B R N U O B R N
O B R N U O B R N U O B R N U O B R N U O B R N U
```

65. Wordwheel

The goal is to make as many words as you can make from the letters in the word wheel. And all the words should contain the letter in the center of the wheel and each letter can be used once. Minimum four letter words only and there is a nine letter 1950s superstar to find

26 words to find

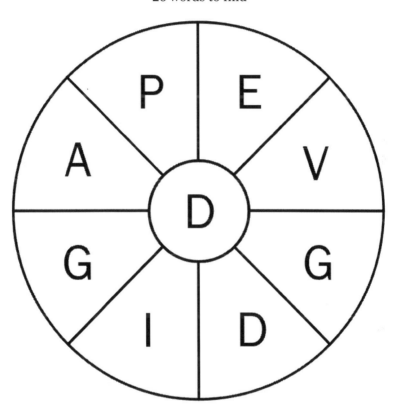

Words

66. United Line Ups

One to challenge your United history
In this puzzle you need to name the starting eleven from the
1985 FA Cup Final

_____

_____ _____ _____ _____

_____ _____ _____ _____

_____ _____

67. The Wordtrail

Going from top left to bottom right in one continuous line locate the popular chant, sung from the terraces

T	A	W	B	I	G	H	O	A	D	A	W	L	K	H	A	C	S	Q	G
D	K	A	H	N	K	K	R	Y	T	W	Y	B	L	B	M	C	A	G	B
S	E	W	A	Y	T	E	D	A	O	T	A	M	D	S	K	M	F	Q	H
A	M	E	W	N	I	N	C	Y	T	H	E	B	M	A	L	B	N	E	L
F	A	H	O	U	A	J	G	A	M	P	P	A	S	D	E	X	O	A	N
N	W	A	M	E	W	E	R	N	C	Y	L	O	M	X	F	A	L	S	E
U	M	R	K	S	Z	T	D	P	E	C	A	O	C	B	K	N	B	L	X
E	D	A	O	M	S	H	E	I	I	Q	X	B	S	M	E	F	N	C	O
H	E	N	C	G	Q	E	Z	E	B	P	O	O	O	N	F	O	R	F	E
T	X	M	U	J	A	G	U	L	I	Y	E	S	M	A	N	M	E	V	E
S	N	I	G	M	S	G	C	O	N	G	E	G	T	A	B	A	N	U	Y
L	S	Y	E	G	U	B	S	W	I	T	Y	O	O	X	S	N	A	M	J
R	B	Z	B	N	E	Y	A	L	O	O	J	P	E	E	U	T	E	W	Y
B	M	U	Y	A	L	G	O	D	W	I	Y	I	S	P	N	I	D	Y	P
A	L	S	T	M	Z	B	S	T	R	A	D	T	O	Q	K	A	T	P	W
T	M	M	A	B	N	F	L	C	W	F	R	D	P	Y	E	B	I	G	H
M	A	N	M	B	I	S	C	V	S	F	O	S	I	Q	M	H	N	K	K
C	S	A	U	O	U	M	B	N	C	Y	T	A	O	H	E	E	D	Y	P
E	J	N	D	R	S	E	Z	J	G	A	M	F	M	E	I	T	R	P	W
U	E	Y	N	C	Q	B	A	E	R	N	C	N	I	U	N	I	O	A	D

68. The Hidden Word

The goal of the hidden word puzzle is to find the hidden word in a puzzle grid. When you write down the answers of the clues in the puzzle, you will find the hidden word.

1. A Neville
2. Another Neville
3. Went to Barca
4. Left Back
5. Forward 04-06
6. 464 appearances

7. Angolan
8. 99 scored
9. Ecuadorian
10. Famous Jack
11. 2007 Loanee

69. The United Sudoku

Fill the 9x9 grid with letters, so that each column, each row and each of the 3x3 subgrids that compose the grid contain all of the letters that you'd find in a legendary manager

A		Y				U		
	T		B	S			M	
B				M	Y		T	
			S			B		M
	U	B			B			
				T				S
			U	B		S		Y
U		T					A	
	B		T			T		

70. Criss Cross

No clues, just put the Midfielders in the right place
Hint – First names and Surnames are not always together

Kleberson	Juan Mata	Lee Sharpe
Tahith Chong	Ray Wilkins	Jesper Olsen
Steve Coppell	Shinji Kagawa	Michael Carrick
Paul Scholes	Juan Sebastian Veron	Remi Moses

71. The 1940s Player Wordsearch

Can you find all the players debuting from 1940-49 in the box below

0-3 Poor 4-7 OK 8-11 Average
12-16 Good 17-19 Very Good 20 Perfect

```
L C M I X L I J B S S M S Y H R C L N O J F K L R
W F O J H L D H J U I Y B P Z Z M A O W E G Y D B
J S R U U B F Z O T R P T C M G C U S Z C N T Y D
I Y R K J Z V I T X S K U L G U K Q P S N L P V V
B C I L Y T X E E D R H E O U H L Y M L I J P G U
D M S R P M N O T P M O R C C N J W E V R D Y J Y
T R A E P A I W K L K U H R I Q C H L A D D Y Q J
F H H A A S M P H A S C I J J Q T M C F M O A F Z
U V M P Y E D P E Y Y B I U X A F K A P J W K N S
W N Y F T N F A X S D H H B N H L R O U Z N U Q Q
B O R V T T I N X W K D W D F E E H A N L I B H M
C P O U K M E U P C O P E N J F L B P T W E A X R
F L U D B L W O O D V R E L K C U B G A L S K C C
B L A P G K C I B V S J Z R F Y V F X M D W W K T
D Z B C D M C D J O Z I U F U H S W X J F I B H B
Q G M U T Q I O N I I A R S L N F P F D F X F D E
A U F L M C X Q C X C D Z P U S N A O Q M P V G V
V E N X Y T W B A U C T C T M G O E K A F W M F N
A O W R Y O Q T G R R Q G R D W T Z B N A W L A U
Z M K U J L V V N X U N R P Y L L B K F J P X O O
E L G V D P N N Y M G J Z N B O I S F L A G K Q D
H D W R M G X Q W V N A G O B W H B B F M S S V C
X G K Q J B B D F D D Z D K Q R C F T B E J C X L
A I U P P V P K N P D F K C Q I L X D S X B R B F
Y K C O F K W R B A L T K R D E F A Q Z T C C O H
```

Wood, Downie, Mitten, Crompton, Cockburn, Chilton, McGlen,
Wood, Burke, Morris, Anderson, Bogan, McNulty, Clempson, Birch,
Feehan, Cassidy, Lowrie, Lynn, Buckle

72. United Anagram Solver

Nice and Easy. Rearrange the letters to find the United legends.

1   Henna Endorsed   _____

2   Banners Founder   _____

3   Brainwashes Geneticist   _____

4   A Chafed Mediocre   _____

5   A Avenger Shower   _____

6   Maid Throw   _____

7   Banal Curl Ten   _____

8   Icy Fjord Fur   _____

9   Home Jilting   _____

10 Novas Driven   _____

11 Handler Mourn   _____

12 Morale Wiling   _____

13 Rage Gem Hog   _____

14 Rename Lit   _____

15 Appear Lurk   _____

73. Quiz Time

How good is your Manchester United knowledge. Let's put you to the test.

1. Manchester United broke their record transfer fee in 2016 when they paid £89.5 million for which player?

2. As of 2020, Manchester United hold the record for most league titles in England. How many times have they been champions?

3. What is Manchester United's record win (all competitions)?

4. Which player holds the record for most Man Utd appearances?

5. At 46 years, 281 days, which player was the oldest to ever appear for Manchester United?

6. Manchester United's record Champions League win came in 2007 against Roma. What was the score?

7. Which player holds the record for most Man Utd goals?

8. With a reign of 26 years, 194 days, who is the longest-serving Manchester United manager?

9. The highest transfer fee ever received by Man Utd was £80 million in 2009 - for which player?

10. Manchester United inflicted another Premier League win of 9-0 on which opponent?

74. Word ZigZag

Find the players in the puzzle.
All the letters of the players must be connected by tiles on top, below, left
or right from it, but not diagonally.

A	E	G	R	T	G	O	P
R	D	E	A	S	B	A	G
A	S	O	R	T	G	S	R
R	H	F	D	E	O	D	S
E	M	D	R	W	O	T	A
S	A	W	E	N	D	R	E
N	H	S	E	R	N	F	D
A	M	P	E	G	D	P	S

_____   _____

_____   _____

_____   _____

75. Wordwheel

The goal is to make as many words as you can make from the letters in the word wheel. And all the words should contain the letter in the center of the wheel and each letter can be used once. Minimum four letter words only and there is a nine letter modern day midfielder to find

43 words to find

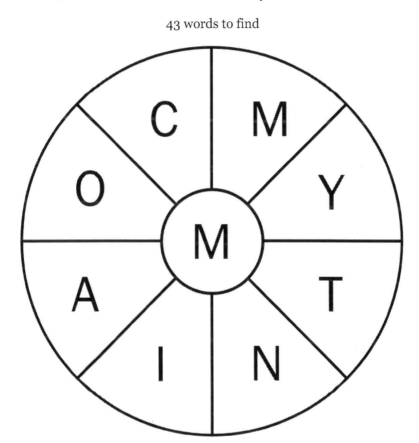

Words

76. Scrambled United Heroes

Can you unscramble the letters to find the United heroes.

1

E	N	E	I
R	V		D
A		N	A
D	S	R	W

_____

2

A	A	R	R
U		O	C
R	H		S
R	F	M	S

_____

3

S	C	I	O
A		T	O
T	T		Y
M	N	M	C

_____

4

E	S	N	R
N	G		O
D		E	O
A	O	W	M

_____

5

O	E	N	R
E	A	L	F
L	A	A	N
U	I	I	M

_____

6

A	O	A	Y
R	B	O	L
C	N	L	K
T	C	M	E

_____

77. The Wordtrail

Going from bottom left to top right in one continuous line locate the popular chant, sung from the terraces

F	A	L	S	E	H	E	O	A	N	R	Y	L	D	P	N	I	G	H	T
K	N	B	L	X	T	X	I	N	U	U	T	P	A	T	A	T	A	A	D
E	F	N	C	O	S	N	L	I	N	J	I	M	H	A	F	E	H	W	A
F	O	R	F	E	L	S	A	O	O	A	N	E	W	P	L	E	L	G	P
L	B	N	A	L	9	O	L	G	U	O	C	B	K	N	B	L	I	N	L
E	X	O	Q	G	9	U	E	A	D	B	S	M	E	F	N	C	D	H	O
F	A	L	N	1	9	L	S	C	E	O	O	N	F	O	R	F	E	F	E
K	N	B	I	H	E	N	C	O	R	S	M	A	N	M	E	V	Z	L	X
E	F	N	Y	A	F	A	L	S	E	H	E	N	C	G	Q	E	Z	L	X
F	O	R	P	M	K	N	B	L	X	T	X	M	U	J	A	G	U	A	Y
T	T	E	I	N	E	F	N	C	O	S	N	I	G	M	S	G	C	H	O
S	A	P	H	E	F	O	R	F	E	L	S	Y	E	G	U	B	S	Q	C
L	L	T	A	L	N	M	E	V	E	R	B	Z	B	N	E	Y	A	Y	O
R	P	H	G	E	B	A	N	U	Y	B	M	U	Y	A	L	G	O	H	A
O	A	N	I	X	S	N	A	M	J	A	L	S	T	M	Z	B	S	C	Y
O	T	A	N	N	Y	R	N	C	Y	T	M	M	A	B	N	F	L	J	A
L	A	I	S	C	G	U	J	G	A	M	A	N	M	B	I	S	C	E	U
B	H	U	M	B	Y	T	E	R	N	C	S	A	U	O	U	M	B	U	A
H	W	S	E	Z	T	M	A	N	O	E	J	N	D	R	S	E	Z	Y	C
O	L	Q	B	A	A	O	Y	N	C	U	E	Y	N	C	Q	B	A	U	H

78. The Hidden Word

The goal of the hidden word puzzle is to find the hidden word in a puzzle grid. When you write down the answers of the clues in the puzzle, you will find the hidden word.

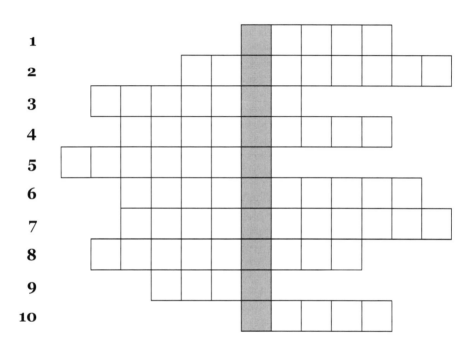

1. Mr Stapleton
2. An end
3. The Gaffer
4. Busby Babe
5. 179 Goals

6. Two spells at OT
7. Danish
8. Forward 1978-81
9. 90s midfielder
10. ____Blind

79. The United Sudoku

Fill the 9x9 grid with letters, so that each column, each row and each of the 3x3 subgrids that compose the grid contain all of the letters that you'd find in Ronnie's first name

	A	T		O				I
	R	I		N			S	
N					I			C
T			A		R			
	S		N		I		R	
			O		C			I
O			S					A
	I			A		T	N	
A				C		I	O	

80. Criss Cross

No clues, just put the Defenders in the right place
Hint – First names and Surnames are not always together

Jimmy Nicholl
Harry Maguire
Fábio
Gabriel Heinze

Jaap Stam
Wes Brown
Gary Neville
Steve Bruce

Victor Lindelof
Chris Smalling
Jonny Evans
Patrice Evra

81. The 1930s Player Wordsearch

Can you find all the players debuting from 1930-39 in the box below

0-3 Poor 4-7 OK 8-11 Average
12-16 Good 17-19 Very Good 20 Perfect

```
M K L Z Y Q N N W M V V P V M O F T E S E S N W Y
P R U E V O S E M R A N N E R V J D K L H U O C L
E Q R E I A R U T N G D T V A Q S M R L V C P J C
G A T S V R T T E W Z K E K N R M B X A Y D Y M O
C R U C H C I F A P G E L W X R S A V S Q P W L D
G L I M H G K W R S O L R J J F E O U S F A J R I
C N T F H D V U N Y I U S N X Q S B N A P A I J U
Y H Q N F R M O R B T Z Q H C N D Z D W X A S I H
W N D L A I Y I P Z E N R O W L E Y R D B G H N S
Y Y M F O H T U L S Z O A W N I C P C N J W C Y I
C C U I N L Q H B S Y Z M Y D J E S D I F M J H Y
R M Q P W B P L S E T R C W R Q Y F A O Y K Y W Z
Y G Y F O T Y U L Y U O K C P B Z V G C O H C E T
F D V H R Y K N Q G K L A Z U O R D G I W W X Y W
Y L A X B G A Z U C B L Y B Q T X P G P R W D U N
D L K E V M D F T U R E O I R O T R L Y I A B E X
L Q B Y Q D M L F I E M K T Q E N E F K W R I P R
E S X W N E L L I M C M O B Y Q E C G F H N T V H
J D N X K A E B F S C S J A W I R N L G W E Q K X
O F V Q F Q M M M N U V K B D R O F M A B R O J T
J T O U B E G M E J T I L U C D B D E Z S Z B W W
Y T R Q K T W U H C O T J V U W W M Q P R J W N Z
R O U G H T O N U Y L S X D E Y S M E T N I M R U
Q S I K Z A Y H O X J M F Q G A T M N V K P P B A
D Z Z M L X O Q W S X R S B W Q J K L D N V O E X
```

Mellor, Manley, Vose, Griffiths, McKay, Mutch, Bamford, Bryant, Brown, Carey, Rowley, Pearson, Warner, Hall, McMillen, Redwood, Wassall, Baird, Roughton, Breen

82. The Maze

Can you help the player locate the net and score

83. Quiz Time

How good is your Manchester United knowledge. Let's put you to the test.

1. Who is the only player to win the European Golden Boot while playing for Manchester United?

2. Before they became Manchester United, the club was known by what name?

3. In Manchester United's 1990 FA Cup replay, who scored the only goal of the game sealing the title?

4. Which team did Manchester United play in the game that became known as 'The Battle of the Buffet'?

5. Chesney Brown, a character in the British soap opera Coronation Street, had a Great Dane dog named after which Manchester United player?

6. What is the name of Manchester United's mascot?

7. Which Manchester United manager is said by fans to be "at the wheel"?

8. Who said: "When the seagulls follow the trawler, it's because they think sardines will be thrown into the sea"?

9. Which pundit, referring to Alex Ferguson's Manchester United team in 1995, famously said: "You can't win anything with kids"

10. Who was Alex Ferguson's first signing as Manchester United manager?

84. United Line Ups

One to challenge your United history
In this puzzle you need to name the starting eleven from the
2016 FA Cup Final

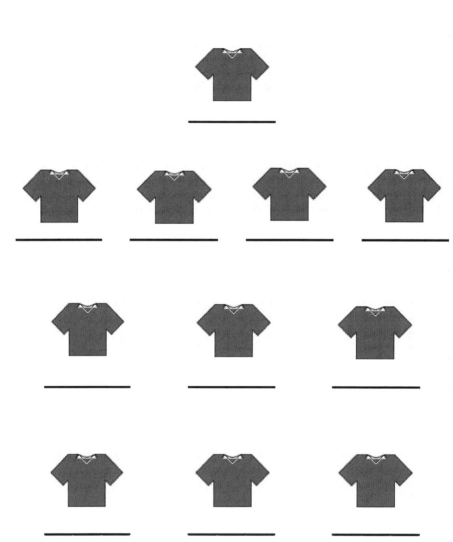

85. Wordwheel

The goal is to make as many words as you can make from the letters in the word wheel. And all the words should contain the letter in the center of the wheel and each letter can be used once. Minimum four letter words only and there is a nine letter United legend to find

54 words to find

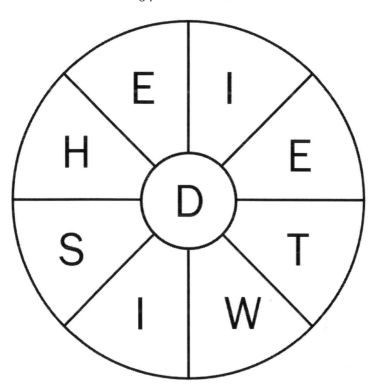

Words

86. Twelve Letter United Heroes

Can you unscramble the letters to find the United heroes

1

O	N	I	E
L			R
A			L
I	W	G	M

2

C	M	Y	I
O			M
A			L
M	R	S	Y

_____

3

I	N	M	I
A			J
N			V
C	A	E	D

4

E	A	I	I
N			F
O			D
D	R	N	R

_____

5

O	U	A	M
U			K
K			U
E	L	R	L

6

R	H	M	N
D			L
U			N
O	E	A	R

_____

87. The Wordtrail

Going from bottom left to top right in one continuous line locate the popular chant, sung from the terraces

K	K	G	U	H	L	U	H	N	E	Y	Y	M	*	S	A	M	B	E	.
H	R	H	R	O	W	H	E	I	H	L	A	E	P	S	W	I	E	S	T
T	A	T	A	G	R	N	N	S	T	D	A	T	E	H	T	T	I	X	T
T	D	T	D	A	N	O	I	D	I	N	I	O	R	E	N	H	G	O	S
H	E	O	N	N	O	S	N	I	E	A	Z	A	I	S	O	G	R	E	L
E	Z	G	I	Z	E	L	S	Y	W	E	S	M	I	T	O	E	O	E	R
G	U	M	I	E	R	E	H	M	H	I	M	G	O	N	G	H	R	Y	B
G	C	P	A	M	I	M	W	S	E	D	R	N	Z	N	A	T	A	J	A
B	S	T	I	N	Z	T	S	Z	N	I	N	O	I	A	I	T	D	Y	T
Y	A	I	P	T	A	I	M	D	S	K	M	F	Q	H	A	L	O	K	G
P	I	R	M	H	I	Y	B	M	A	L	B	N	E	L	U	M	R	K	S
S	Z	M	S	E	S	K	A	S	D	E	X	O	A	N	E	D	A	O	M
E	H	T	J	A	G	U	O	M	X	F	A	L	S	E	H	E	N	C	G
B	P	O	M	S	G	C	O	C	B	K	N	B	L	X	T	X	M	U	J
N	S	T	G	U	B	S	B	S	M	E	F	N	C	O	S	N	I	G	M
R	U	P	N	E	Y	A	O	O	N	F	O	R	F	E	L	S	Y	E	G
E	N	P	A	L	G	O	S	M	A	N	M	E	V	E	R	B	Z	B	N
N	O	G	M	Z	B	S	G	T	A	B	A	N	U	Y	B	M	U	Y	A
A	I	N	B	N	F	L	O	O	X	S	N	A	M	J	A	L	S	T	M
G	O	Z	B	I	S	C	E	O	A	Y	R	N	C	Y	T	M	M	A	B

88. The Hidden Word

The goal of the hidden word puzzle is to find the hidden word in a puzzle grid. When you write down the answers of the clues in the puzzle, you will find the hidden word.

1. Mr McTominay
2. Great Dane
3. 66 goals
4. Busby Babe
5. 145 goals
6. Ooh Ahh
7. Goalkeeper
8. Bulgarian
9. Defender 1967-72
10. Hometown boy
11. 456 appearances
12. Defender 1980-90

89. The United Sudoku

Fill the 9x9 grid with letters, so that each column, each row and each of the 3x3 subgrids that compose the grid contain all of the letters that you'd find in a big defender

I	L			T				
S			P	R	I			
	R	E					S	
E				S				L
L			E		L			P
T				A				S
	S					A	E	
			L	P				I
				E			T	R

90. Criss Cross

No clues, just put the Club Captains in the right place
Hint – First names and Surnames are not always together

Eric Cantona	Harry Maguire	Wayne Rooney
Steve Bruce	Antonio Valencia	Nemanja Vidić
Bryan Robson	Gary Neville	Michael Carrick
Bobby Charlton	Roy Keane	Ashley Young

91. The 1920s Player Wordsearch

Can you find all the players debuting from 1920-29 in the box below

0-3 Poor 4-7 OK 8-11 Average
12-16 Good 17-19 Very Good 20 Perfect

```
L M K S B N E U S H R S N V H C K V Q G D U T B H
S B E B I W Y W U T A W J A G Z T M Y R R F X P I
C S Y A R U S F L P H S N F F S H A I B O E R T U
L K B Y T Z A Y E S O S L P O A P H J I F X P E R
G C L O W X Y C Z G O L X A V M N D O A D U S Z Z
M P A O Z X U H Q N R J N D M O M P K S A E P S K
N O I N N E B T M M S E M A S H T C M B R X A Z N
A I O M C L A C H L A N I T H T A I P B B N R G G
H E N D E R S O N Z F C E D U A T L U Q G X T Y O
L D R G W Q F A L U W W P J N H N T V A N J R M L
V C J O N B D P X A A B C P G H E E W B H S I H D
D S F T H T N K E R P N X J J J G J L Z B H D V T
Q O S L U O E Y D C M Z N O L A U Z F C I V G M H
D O S P S F W J B U E M C N O H W V Y K M U E A O
C V B R O D U V U C Y O K E Z N A Q U I L G P B R
B M A Q I N A V I O F A E S C Z W U O U H V B Y P
S B C Z K T P E Q U H E K Z V F M W G G C V X U E
P E O P U Z B A H V A F Z Q C V X V I O S A P X P
V V K V H Y H E C H D M Z X P M D T D A S M A N N
T J G A E E B H Y C C N O S L I W P Y E C C W P W
G D B Q F M R Q Z B Q O P B B O U F T P R N J D U
P P T H Z K T S Q U L B L B O J Q G M D M U T X A
D Q V D J J K W O U C X C N D L H E K Y C A G M Y
R I L H F K Q V S N B F C B K D X T X K O H Y I A
B R C K J Y B F E D F X U T H T F N F W T P G V V
```

McLachlan, Reid, Partridge, Steward, Bennion, Lochhead, Thomas,
Barson, Mann, McPherson, Jones, Hanson, Wilson, McLenahan,
Radford, McBain, Henderson, Haslam, Goldthorpe, Smith

92. United Anagram Solver

Nice and Easy. Rearrange the letters to find the United legends.

1   Ogres Roomier

_____

2   Dref

_____

3   A Llama Dido

_____

4   Voiced Fill Torn

_____

5   Karma Chic Relic

_____

6   Ram Schillings

_____

7   Irradiate Bomb Tv

_____

8   A Grips Junk

_____

9   Deferral Trench

_____

10 Android Infer

_____

11 Adventurously Iron

_____

12 Jeans Oh Ho

_____

13 Reveals Milkiest

_____

14 A Chalkiness Kinder

_____

15 Hale Me Pink

_____

83. Quiz Time

How good is your Manchester United knowledge. Let's put you to the test.

1. Who did Manchester United beat in the quarter final, on the road to win the Champions League in 1999?

2. During the 1991 European Cup winner's cup success, United played one team from the English league during the campaign. Who were they?

3. Where did United sign Ruud Van Nistelrooy from?

4. Against whom did Andy Cole score his first league goal at Old Trafford?

5. When did Manchester United first win the F.A. Cup?

6. Who took Utd to the top of the pop charts in 1994 with, "Come on You Reds"?

7. Who was the United manager when Sir Bobby Charlton ended his Old Trafford career?

8. From which coastal club was Lee Sharpe signed from?

9. When Manchester Utd won the FA Premier League Premiership in 2002-03 it was their _____ premiership title?

10. In the 1990 FA Cup Final against Crystal Palace the first game ended in a 3-3 draw. Who scored Manchester United's first goal?

94. Find Evra

Can you find Evra, lost in box below

```
V E R A V E R A V E R A V E R A V E R A V E R A V
E R A V E R A V E R A V E R A V E R A V E R A V E
R A V E R A V E R A V E R A V E R A V E R A V E R
A V E R A V E R A V E R A V E R A V E R A V E R A
V E R A V E R A V E R A V E R A V E R A V E R A V
E R A V E R A V E R A V E R A V E R A V E R A V E
R A V E R A V E R A V E R A V E R A V E R A V E R
A V E R A V E R A V E R A V E R A V E R A V E R A
V E R A V E R A V E R A V E R A V E R A V E R A V
E R A V E R A V E R A V E R A V E R A V E R A V E
R A V E R A V E R A V E R A V E R A V E R A V E R
A V E R A V E R A V E R A V E R A V E R A V E R A
V E R A V E R A V E R A V E R A V E R A V E R A V
E R A V E R A V E R A V E R A V E R A V E R A V E
R A V E R A V E R A V E R A V E R A V E R A V E R
A V E R A V E R A V E R A V E R A V E R A V E R A
V E R A V E R A V E R A V E R A V E R A V E R A V
E R A V E R A V E R A V E R A V E R A V E R A V E
R A V E R A V E R A V E R A V E R A V E R A V E R
A V E R A V E R A V E R A V E R A V E R A V E R A
V E R A V E R A V E R A V E R A V E R A V E R A V
E R A V E R A V E R A V E R A V E R A V E R A V E
R A V E R A V E R A V E R A V E R A V E R A V E R
A V E R A V E R A V E R A V E R A V E R A V E R A
V E R A V E R A V E R A V E R A V E R A V E R A V
E R A V E R A V E R A V E R A V E R A V E R A V E
R A V E R A V E R A V E R A V E R A V E R A V E R
A V E R V V E R A V E R A V E R A V E R A V E R A
V E R A V R R A V E R A V E R A V E R A V E R A V
E R A V E R A V E R A V E R A V E R A V E R A V E
```

95. Wordwheel

The goal is to make as many words as you can make from the letters in the word wheel. And all the words should contain the letter in the center of the wheel and each letter can be used once. Minimum four letter words only and there is a nine letter captain from the 1930s to find

22 words to find

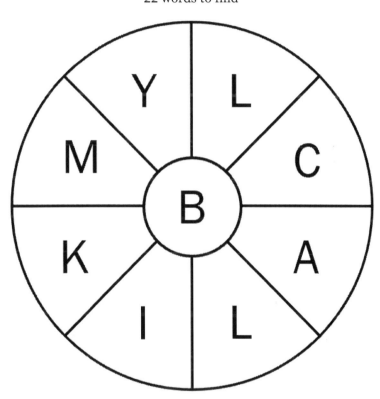

Words

96. Folded Paper

Guess the United players from the pieces of folded paper below

BRYAN ROBSON

DARREN FLETCHER

ARTHUR ALBISTON

ANTONIO VALENCIA

ALEX STEPNEY

PAUL MCGRATH

ANDREI KANCHELSKIS

AARON WAN-BISSAKA

97. The Wordtrail

Going from middle left to middle right in one continuous line locate the popular chant, sung from the terraces

G	B	Y	U	S	H	O	A	P	O	E	E	I	R	E	E	H	E	N	C
Y	E	Y	O	Y	A	U	Y	U	N	T	H	Y	F	Y	X	T	X	M	U
U	U	B	S	Q	C	L	E	S	E	L	I	E	A	Q	O	S	N	I	G
S	G	A	A	Y	O	D	H	A	Q	B	M	Y	C	Y	E	L	S	Y	E
E	A	E	O	H	A	N	F	V	E	Q	S	Z	E	Z	E	R	B	Z	B
D	E	L	S	C	Y	A	N	E	S	Z	H	T	S	W	Y	B	M	U	Y
R	W	E	H	T	N	I	M	Q	E	B	W	I	X	A	L	Y	S	Q	C
V	R	G	I	O	P	P	A	E	E	U	S	E	N	F	K	X	A	Y	O
O	H	M	E	A	T	T	E	X	Q	S	X	S	A	N	I	N	O	H	A
S	D	A	L	B	S	Q	N	N	U	R	Z	S	A	Z	E	G	S	C	Y
Y	B	N	E	L	E	A	I	E	X	N	F	D	L	X	O	D	Y	B	.
O	X	O	A	N	T	Z	N	G	A	A	N	N	X	N	W	Z	E	E	S
U	S	H	N	F	S	Q	Z	E	L	X	E	A	B	T	N	F	B	C	X
H	T	O	A	N	A	F	G	Q	L	T	E	S	Q	H	A	N	X	A	S
Z	T	U	L	D	N	F	N	N	F	H	E	D	B	E	W	W	I	X	Y
S	H	V	A	H	A	N	I	A	N	E	L	A	E	E	A	R	C	B	B
Q	E	E	A	B	A	O	M	Y	T	M	M	A	D	A	O	R	K	X	S
A	G	S	E	E	S	C	A	A	M	A	N	M	T	E	E	C	X	C	U
S	G	N	F	N	U	N	F	N	C	S	A	U	O	S	E	E	T	T	B
U	B	A	N	B	B	A	N	O	E	J	N	D	M	Q	X	M	A	C	M

98. The Hidden Word

The goal of the hidden word puzzle is to find the hidden word in a puzzle grid. When you write down the answers of the clues in the puzzle, you will find the hidden word.

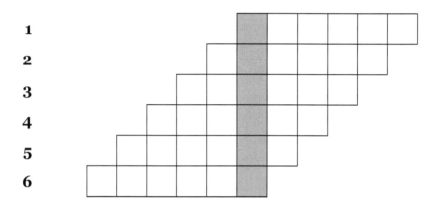

1. We all Follow _____
2. Take me home ____ Road
3. _____ are the team for me
4. _ _ _ _ _ _ _ _
5. _____ clap clap clap
6. Greatest Team in the World

99. The United Sudoku

Fill the 9x9 grid with letters, so that each column, each row and each of the 3x3 subgrids that compose the grid contain all of the letters that you'd find in a French stiker

			H					
A	H	A		L				S
				S	L			
		A					S	
S			A		A	U		I
	I					O		
		U	O					
H				A		I	U	A
					L			

The Solutions

2. Fill The Gaps

Name	Manchester United career	Total Apperances
Ryan Giggs	1991–2014	963
Bobby Charlton	1956–1973	758
Paul Scholes	1994–2011 2012–2013	718
Bill Foulkes	1952–1970	688
Gary Neville	1992–2011	602
Wayne Rooney	2004–2017	559
Alex Stepney	1966–1979	539
Tony Dunne	1960–1973	535
Denis Irwin	1990–2002	529
Joe Spence	1919–1933	510

3. Quiz Time

1. 1910
2. Liverpool
3. Archibald Leitch
4. Wolverhampton Wanderers and Grimsby Town
5. Bolton Wanderers

6. 1957
7. Old Trafford hosted its first game of the Manchester United women's team
8. The Sir Bobby Charlton Stand
9. 26,000 spectators
10. 75826 vs Blackburn Rovers

4. Find Giggs

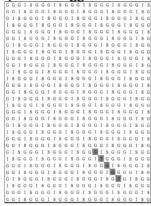

5. United Wordwheel
Alga, blag, blog, gala, glob, glop, goal, gulp, plug, galop
Paul Pogba

6. United Line Ups
1999 Champions League Final
Peter Schmeichel (c), Gary Neville, Ronny Johnsen, Jaap Stam,
Denis Irwin, Ryan Giggs, David Beckham, Nicky Butt, Jesper Blomqvist,
Dwight Yorke, Andy Cole

7. The Wordtrail
U-N-I-T-E-D United are the team for me With A knick knack paddy whack give adog a bone Why dont City f*ck off home

8. The Hidden Word
1. Bruno, 2. Neville, 3. Ronaldo, 4. Juan Mata, 5. van Persie, 6. Paul Pogba
7. Rafael, 8. Fabien, 9. John O'Shea, 10. Martial, 11. David May
Hidden Word – Old Trafford

9. The United Sudoku

S	A	T	W	T	N	E	S	D
S	W	D	T	E	A	T	N	S
E	N	T	S	D	S	A	W	T
T	D	N	S	T	W	S	A	E
W	E	S	A	N	T	D	T	S
T	S	A	D	S	E	W	T	N
D	T	E	N	A	T	S	S	W
N	S	S	T	W	D	T	E	A
A	T	W	E	S	S	N	D	T

10. CrissCross
ACROSS - 2. Bailey, 3. Barthez, 7. David De Gea, 10. Peter, 11. Roy Carroll
13. Gary, 15. Les Sealey, 16. Sergio, 18. Jimmy
DOWN - 1. Tim Howard, 4. Schmeichel, 5. Romero, 6. Harry Gregg,
8. Stepney, 9. Alex, 12. Ray Wood, 14. Fabien, 17. Rimmer

12. United Anagram Solver
Eric Cantona, David Beckham, Cristiano Ronaldo, Paul Scholes, Roy Keane, Andy Cole, Teddy Sheringham, Louis Saha, Bryan Robson, Steve Coppell, Denis Law, Steve Bruce, Owen Hargreaves, Ray Wilkins, Duncan Edwards

13. Quiz Time

1. Paul Scholes
2. Ole Gunnar Solskjaer
3. Tommy Docherty, Manchester City
4. Aaron Wan-Bissaka
5. 13
6. West Bromwich Albion
7. Wimbledon.
8. Michael Owen
9. Denis Law (1964), Bobby Charlton (1966), George Best (1968), and Cristiano Ronaldo (2008)
10. Ryan Giggs, Denis Irwin, Gary Neville and Paul Scholes

14. Word Zigzag

Beckham, Butt, Giggs, Neville, Neville, Scholes

15. United Wordwheel

Abri, band, bank, bard, bark, barn, bidi, bind, bird, brad, bran, brin, drab, drib, braid, brain, brand, brank, brink, rabid, riband
Brian Kidd

16. Folded Paper

Ruud van Nistelrooy, Fabien Barthez, Jimmy Greenhoff, Quinton Fortune, Kieran Richardson, Memphis Depay, Henrikh Mkhitaryan, Garry Birtles

17. The Wordtrail

From the banks of the Irwell, To Sicily, And we will fight fight fight, For Man United FC

18. The Hidden Word

1. Welbeck, 2. Gary Bailey, ,3. Taylor 4. Denis Law, ,5. Patrice Evra 6. Irwin 7. Andy Cole, 8. Rio, 9. Greenwood, 10. Davenport, 11. Johnny Giles
Hidden Word – Wayne Rooney

19. The United Sudoku

R	K	L	O	A	M	C	E	B
A	B	O	C	L	E	M	R	K
E	C	M	K	R	B	L	O	A
B	M	R	A	K	C	E	L	O
K	L	C	R	E	O	B	A	M
O	A	E	B	M	L	R	K	C
L	R	A	M	C	K	O	B	E
M	O	K	E	B	R	A	C	L
C	E	B	L	O	A	K	M	R

20. CrissCross
ACROSS - 2. Bill, 5. David May, 6. Ferdinand, 8. Paul Parker, 10. Martin, 14. Marcus Rojo, 15. Buchan, 16. Henning, 17. Rafael, 18. Denis
DOWN - 1. Vidic, 3. Irwin, 4. Mike Duxbury, 7. Berg, 9. Rio, 11. Nemanja, 12. Luke Shaw, 13. Foulkes

22. Fill The Gaps

Name	Manchester United career	Goals
Wayne Rooney	2004–2017	253
Bobby Charlton	1956–1973	249
Denis Law	1962–1973	237
Jack Rowley	1937–1955	211
George Best	1963–1974	179
Dennis Viollet	1953–1962	179
Ryan Giggs	1991–2014	168
Joe Spence	1919–1933	168
Mark Hughes	1983–1986 1988–1995	163
Paul Scholes	1994–2011 2012–2013	155

23. Quiz Time
1. Newton Heath, green and yellow
2. Sharp
3. Chapman
4. Peter Schmeichel and Andre Kanchelskis
5. 1968, Sir Matt Busby, Bobby Charlton, Benfica (1-4)
6. Ruud van Nistelrooy
7. French national beach football team
8. Bryan Robson, Steve Bruce, Eric Cantona and Roy Keane
9. Bobby Charlton and Nobby Stiles
10. Arsenal

24. United Anagram Solver
Patrice Evra, Norman Whiteside, Jesper Olsen, Pat Crerand, Nicky Butt, Ashley Young, David De Gea, Gary Pallister, Johnny Berry, David Pegg, Sammy McIlroy, Jimmy Greenhoff, Carlos Tevez, Anderson, Peter Schmeichel

25. United Wordwheel
City, icky, inky, tiny, tyin, yuck, bitty, kitty, nitty, nutty, unity
Nicky Butt

26. United Line Ups
2008 Champions League Final
Edwin van der Sar, Wes Brown, Rio Ferdinand (c), Nemanja Vidić, Patrice Evra, Owen Hargreaves, Paul Scholes, Michael Carrick, Cristiano Ronaldo, Wayne Rooney, Carlos Tevez

27. The Wordtrail
We are the pride of all Europe The cock of the North, We hate the Scousers The Cockneys of course (and Leeds!), We are United Without any doubt, We are the Manchester boys

28. The Hidden Word
1. Nicky Butt, 2. McClair, 3. Teddy, 4. Albiston, 5. Norman, 6. Steve Bruce, 7. Rooney, ,8. Wan-Bissaka 9. Anderson, 10. Ole, 11. Duncan Edwards
Hidden Word – Bryan Robson

29. The United Sudoku

H	L	J	I	E	S	P	N	O
O	E	S	J	P	N	I	L	H
I	N	P	L	H	O	S	E	J
L	S	O	E	I	H	J	P	N
E	H	I	P	N	J	O	S	L
P	J	N	S	O	L	E	H	I
S	O	E	N	L	I	H	J	P
J	I	L	H	S	P	N	O	E
N	P	H	O	J	E	L	I	S

30. CrissCross
ACROSS - 2. Pogba, 3. Nobby, 5. Paul, 6. Bryan, 8. Ander Herrera, 11. Roy Keane, 13. Neil Webb, 15. Stiles, 16. Nani
DOWN - 1. Paul Ince, 4. Beckham, 7. Gordon Hill, 9. Nicky Butt, 10. Anderson, 12. Robson, 14. David

32. The Maze

33. Quiz Time

1. Manchester City (with 204 appearances)
2. George Best, Denis Law, and Sir Bobby Charlton
3. Mark Hughes
4. Three. Chris Smalling, Marcus Rashford, and Wayne Rooney
5. Bryan Robson
6. Javier Hernandez. It means little pea.
7. None (he scored the first hat-trick playing for Leeds United)
8. Ole Gunnar Solskjær (the club was Cardiff City)
9. Steve Coppell
10. George Graham

34. Find Pogba

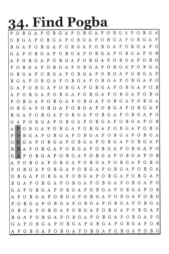

35. United Wordwheel
Aide, arid, defi, died, dine, dire, fain, fair, find, fine fire, idea, neif, nide, nine, raid, rain, rani, rein, ride, rife, rind, afire, aided, aider, aired, deair, dinar, dined, diner, drain, dried, feria, fiend, fined, finer, fired, fried, inane, infer, infra, inner, nadir, redid, renin, dinner, endrin, faired, finder, finned, friend, inaner, infare, raided, rained, redfin, ridden, dandier, drained, faddier
Ferdinand

36. Twelve Letter United Heroes
Harry Maguire, Nemanja Matić, David Beckham, Laurent Blanc, Sergio Romero, Brian McClair

37. The Wordtrail
I see the Stretford End arising, I see trouble on the way, Don't go out tonight, Unless you're red and white, I see there's trouble on the way

38. The Hidden Word
1. Dreams, 2. Matt Busby, 3. Yorke, 4. van der Sar, ,5. Fortune 6. Forsyth, 7. Kevin Moran, 8. Ruud, 9. David, 10. Silvestre, 11. Nani, 12. Mike Duxbury
Hidden Word – Stretford End

39. The United Sudoku

U	G	S	N	R	A	F	E	O
A	F	E	U	G	O	N	R	S
O	N	R	F	E	S	U	G	A
S	U	G	A	F	E	R	O	N
F	E	A	O	N	R	G	S	U
N	R	O	S	U	G	A	F	E
G	A	F	E	S	U	O	N	R
E	O	N	R	A	F	S	U	G
R	S	U	G	O	N	E	A	F

40. CrissCross
ACROSS - 5. Cantona, 7. Carlos Tevez, 8. Dwight Yorke, 9. Joe Jordan, 13. Michael Owen, 14. Wayne, 16. Berbatov, 17. Andy Cole
DOWN - 1. van Persie, 2. Rooney, 3. Diego Forlán, 4. Robin, 6. Anthony, 10. Dimitar, 11. Lou Macari, 12. Martial, 15. Eric

42. Fill The Gaps

Name	Manchester United From-To	Games in Charge
Ron Atkinson	June 1981 - November 1986	292
Matt Busby	October 1945 - June 1969	1120
David Moyes	July 2013 - April 2014	51
Wilf McGuinness	June 1969 - December 1970	87
Jose Mourinho	May 2016 - December 2018	144
Tommy Docherty	December 1972 - July 1977	228
Alex Ferguson	November 1986 - May 2013	1500
Walter Crickmer	November 1937 - February 1945	76
Louis van Gaal	July 2014 - May 2016	103
Ryan Giggs	April 2014 - May 2014	4

43. Quiz Time

1) Fenerbahçe
2) Jesse Lingard
3) Kevin Moran
4) Mario Basler
5) George Best
6) Denis Law, George Best, Bobby Charlton
7) Edwin van der Sar (aged 40 in 2011)
8) Northampton Town
9) Shakthar Donetsk
10) 2003

44. Word Zigzag
Best, Charlton, Herd, Kidd, Law, Stepney

45. United Wordwheel
Hade, hand, hard, hare, haze, head, hear, heed, herd, here, rhea, hared, hazed, hazer, heard, henna, adhere, hander, harden, header, hennaed Hernandez

46. United Line Ups

1968 European Cup Final
Alex Stepney, Shay Brennan, Tony Dunne, Pat Crerand, Bill Foulkes, Nobby Stiles, George Best, Brian Kidd, Bobby Charlton (c), David Sadler, John Aston

47. The Wordtrail

You are my Solskjaer, My Ole Solskjaer, You make me happy, When skies are grey, Oh Alan Shearer, Was f*cking dearer, So please don't take, My Solskjaer away

48. The Hidden Word

1. Little Pea, 2. Ronnie, 3. Ryan Giggs, 4. Vidic, 5. Blanchflower, 6. Charlton 7. Brandon, 8. Zlatan, 9. Leighton, 10. Owen, 11. Forlan
Hidden Word – Eric Cantona

49. The United Sudoku

P	N	T	T	O	E	S	A	L
T	S	A	L	N	P	E	T	O
E	L	O	A	S	T	T	P	N
O	E	T	T	L	A	P	N	S
T	A	N	P	T	S	L	O	E
L	P	S	O	E	N	T	T	A
S	T	P	N	A	L	O	E	T
N	O	E	S	P	T	A	L	T
A	T	L	E	T	O	N	S	P

50. CrissCross

ACROSS - 2. Crickmer. 6. Matt Busby, 10. Louis van Gaal, 12. Ole, 13. David Moyes, 14. Scott Duncan, 17. O'Farrell, 18. Frank
DOWN - 1. Docherty, 3. Jose Mourinho, 4. Dave Sexton, 5. Gunnar, 7. Ron Atkinson, 8. Alex, 9. Ferguson, 11. Solskjaer, 15. Tommy 16. Walter

52. United Anagram Solver

Ray Wilkins, Phil Neville, Ronny Johnsen, Anthony Martial, Aaron Wan-Bissaka, Stuart Pearson, George Graham, Denis Law, David Herd, Tommy Taylor, Bill Foulkes, Lee Sharpe, Brian McClair, Wes Brown, Jaap Stam

53. Quiz Time

1) Ipswich Town
2) Brondby, Sporting Lisbon
3) Viv Anderson
4) Wilf McGuinness
5) Ralph Milne
6) Roy Keane
7) Borussia Dortmund
8) Cristiano Ronaldo
9) Norwich
10) Wayne Rooney, Rio Ferdinand, David Beckham, Bryan Robson

54. Twelve Letter United Heroes

Ronny Johnsen, Steve Coppell, Jesse Lingard, Danny Welbeck, Mickey Thomas, Noel Cantwell

55. United Wordwheel

Doge, dong, dreg, edge, ergo, geed, gene, goer, gone, good, goon, gore, gown, grew, grow, ogee, ogre, edger, genre, geode, goner, gored, greed, green, grown, wedge, wodge, wrong, gender, gowned, orgone, wronged Greenwood

56. Folded Paper

Frank Stapleton, Javier Hernandez, Scott McTominay, Gordon Strachan, Robin van Persie, Dimitar Berbatov, Jimmy Rimmer, Darren Ferguson

57. The Wordtrail

Ryan Giggs, Ryan Giggs, running down the wing Ryan Giggs, Ryan Giggs, running down the wing Fear by the blues Loved by the reds, Ryan Giggs, Ryan Giggs, Ryan Giggs

58. The Hidden Word

1. Gaskell, 2. Depay, 3. Alan Brazil, 4. Kagawa, 5. Fábio, 6. Blomqvist, 7. Berry, 8. George Best, 9. McQueen, 10. Henderson, 11. Bryan Robson, 12. Remi Moses
Hidden Word – Sergio Romero

59. The United Sudoku

O	U	A	I	R	C	A	M	L
C	R	A	M	O	L	I	A	U
I	L	M	U	A	A	O	R	C
M	A	O	R	U	A	C	L	I
U	C	R	O	L	I	A	A	M
A	I	L	A	C	M	R	U	O
L	M	C	A	A	O	U	I	R
R	A	I	C	M	U	L	O	A
A	O	U	L	I	R	M	C	A

60. CrissCross
ACROSS - 2. Depay, 3. Ibrahimovic, 5. Mark Hughes, 7. Zlatan,
9. Garry Birtles, 11. Memphis, 12. Alan Smith, 15. Rashford, 16. Marcus
DOWN - 1. Edinson Cavani, 2. Danny Welbeck, 4. Odion Ighalo, 6. Henrik
8. Brian Kidd, 10. Billy, 13. Larsson, 14. Whelan

62. Fill The Gaps

Name	From	To	Fee
Edison Cavani	Paris SG	Manchester United	Free
Harry Maguire	Leicester City	Manchester United	£78.30M
Anthony Martial	Monaco	Manchester United	£54.00M
David De Gea	Athletico Madrid	Manchester United	£22.50M
Cristiano Ronaldo	Manchester United	Real Madrid	£85M
Gerard Pique	Manchester United	Barcelona	£4.5M
Phil Neville	Manchester United	Everton	£4.77M
Rio Ferdinand	Leeds	Manchester United	£41.40M
Ruud van Nistelrooy	PSV Eindhoven	Manchester United	£25.65M
Dwight Yorke	Aston Villa	Manchester United	£17.33M

63. Quiz Time
1. Eric Cantona (Denis Law also acceptable)
2. Roy Keane and Paul Scholes.
3. No. 10 and No. 24 (both answers acceptable)
4. Ole Gunnar Solskjaer
5. Bryan Robson (12 years)
6. Michael Owen.
7. David Beckham.
8. Rafael and Fabio.
9. Chris Smalling.
10. The Busby Babes

64. Find Bruno

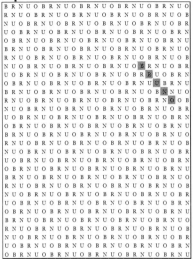

65. United Wordwheel
Aged, aide, aped, avid, dead, deva, died, diva, dive, edda, egad, gadi, idea, paid, pied, vide, vied, aided, dived, gaged, gaped, igged, paged, paved, vapid, pigged
David Pegg

66. United Line Ups
1985 FA Cup Final
Gary Bailey, John Gidman, Arthur Albiston, Norman Whiteside, Paul McGrath, Kevin Moran , Bryan Robson (c), Gordon Strachan, Mark Hughes, Frank Stapleton, Jesper Olsen

67. The Wordtrail
Take me home, United Road, To the place I belong, To Old Trafford, To see United, Take me home, United Road

68. The Hidden Word
1. Phil, 2. Gary, 3. Piqué, 4. Alex Telles, 5. Rossi, 6. Carrick, 7. Manucho, 8. Bryan Robson, 9. Valencia, 10. Rowley, 11. Larsson
Hidden Word – Paul Scholes

69. The United Sudoku

A	M	Y	B	T	T	U	S	B
B	T	T	B	S	U	Y	M	A
B	S	U	A	M	Y	T	T	B
T	T	A	S	U	B	B	Y	M
S	U	B	M	Y	B	A	T	T
M	Y	B	T	T	A	B	U	S
T	A	M	U	B	T	S	B	Y
U	B	T	Y	B	S	M	A	T
Y	B	S	T	A	M	T	B	U

70. CrissCross

ACROSS - 2. Juan, 5. Sebastian, 6. Paul Scholes, 8. Steve Coppell, 9. Shinji, 13. Kléberson, 14. Tahith Chong, 15. Michael, 16. Veron

DOWN - 1. Kagawa, 3. Ray Wilkins, 4. Jesper Olsen, 7. Remi Moses, 10. Juan Mata, 11. Lee Sharpe, 12. Carrick

72. United Anagram Solver

Dean Henderson, Bruno Fernandes, Bastian Schweinsteiger, Federico Macheda, Owen Hargreaves, Tim Howard, Laurent Blanc, Jordi Cruyff, Jim Leighton, Viv Anderson, Arnold Mühren, Willie Morgan, Graeme Hogg, Lee Martin, Paul Parker

73. Quiz Time

1. Paul Pogba.
2. Twenty (20) times. (Most recent title was 2012-13).
3. 10-0 versus Anderlecht in the preliminary round of the 1956-57 European Cup.
4. Ryan Giggs (with 963 appearances between 1991 and 2014).
5. Billy Meredith (against Derby County on May 7, 1921).
6. 7-1 (Man Utd's goals scored by: M. Carrick x2, W. Rooney, A. Smith, C. Ronaldo, R. Giggs and P. Evra).
7. Wayne Rooney (with 253 goals)
8. Sir Alex Ferguson.
9. Cristiano Ronaldo (sold to Real Madrid).
10. Southampton.

74. Word Zigzag

DeGea, Fred, Greenwood, Pogba, Rashford, Shaw

75. United Wordwheel

Ammo, atom, camo, coma, cyma, imam, maim, main, mano, many, maty, mayo, mica, mina, mint, mity, moan, moat, myna, omit, amino, amity, amnic, amnio, anomy, atomy, comma, manic, matin, mincy, minty, myoma, toman, ammino, anomic, atomic, camion, comity, commit, manioc, mantic, myotic, ammonic

McTominay

76. Scrambled United Heroes

Edwin van der Sar, Marcus Rashford, Scott McTominay, Mason Greenwood, Marouane Fellaini, Clayton Blackmore

77. The Wordtrail

Oh what a night. Late in May in 1999, Ole scored a goal in injury time, What a feeling, what a night.

78. The Hidden Word

1. Frank, 2. Stretford, 3. Sir Alex, 4. David Pegg, 5. Viollet, 6. Mark Hughes, 7. Jesper Olsen, 8. Joe Jordan, 9. Ince, 10. Daley

Hidden Word – Fred the Red

79. The United Sudoku

C	A	T	R	O	S	N	I	I
I	R	I	C	N	A	O	S	T
N	O	S	T	I	I	R	A	C
T	C	O	A	I	R	S	I	N
I	S	A	N	T	I	C	R	O
R	N	I	O	S	C	A	T	I
O	I	N	S	R	T	I	C	A
S	I	C	I	A	O	T	N	R
A	T	R	I	C	N	I	O	S

80. CrissCross

ACROSS - 3. Jimmy, 4. Chris, 7. Gary Neville, 8. Fábio, 10. Lindelof, 11. Nicholl, 12. Heinze, 13. Steve Bruce, 15. Smalling, 16. Harry

DOWN - 1. Maguire, 2. Gabriel, 3. Jonny Evans, 5. Wes Brown, 6. Patrice Evra, 9. Jaap Stam, 14. Victor

82. The Maze

83. Quiz Time

1. Cristiano Ronaldo (31 goals in 2009).
2. Newton Heath.
3. Lee Martin
4. Arsenal.
5. Peter Schmeichel.
6. Fred the Red.
7. Ole Gunnar Solskjaer.
8. Eric Cantona.
9. Alan Hansen.
10. Viv Anderson

84. United Line Ups

2016 FA Cup Final
David de Gea, Antonio Valencia, Chris Smalling, Daley Blind, Marcos Rojo, Michael Carrick, Wayne Rooney (c), Juan Mata, Marouane Fellaini, Anthony Martial, Marcus Rashford

85. United Wordwheel

Dews, dies, Diet, dish, edit, heed, hide, hied, ides, seed, shed, side, teds, teed, tide, tied, weds, weed, wide, deist, diets, edits, heeds, hewed, hides, sewed, shied, sited, steed, stied, swede, teiid, tewed, tides, tweed, weeds, width, wised, histed, shewed, stewed, teiids, thewed, tidies, tweeds, whited, widest, widish, widths, wished, withed, deities, dewiest, heisted Whiteside

86. Twelve Letter United Heroes

Willie Morgan, Sammy McIlroy, Nemanja Vidić, Rio Ferdinand, Romelu Lukaku, Arnold Mühren

87. The Wordtrail

Going on up to the spirit in the sky, It's where I'm gonna go when I die, When I die and they lay me to rest, I'm gonna go on the p*ss with Georgie Best

88. The Hidden Word

1. Scott, 2. Schmeichel, 3. Yorke, 4.Tommy Taylor, 5. David Herd,
6. Cantona, 7. Alex Stepney, 8. Berbatov, 9. Burns, 10. Rashford,
11. Martin Buchan, 12. Duxbury
Hidden Word – Sir Matt Busby

89. The United Sudoku

I	L	L	S	T	E	R	P	A
S	T	A	P	R	I	L	L	E
P	R	E	L	L	A	I	S	T
E	I	R	T	S	P	L	A	L
L	A	S	E	I	L	T	R	P
T	P	L	R	A	L	E	I	S
R	S	P	I	L	T	A	E	L
A	E	T	L	P	R	S	L	I
L	L	I	A	E	S	P	T	R

90. CrissCross

ACROSS - 4. Charlton, 7. Ashley Young, 10. Harry Maguire,
12. Steve Bruce, 15. Wayne, 17. Rooney
DOWN - 1. Michael, 2. Eric, 3. Cantona, 5. Nemanja Vidić, 6. Bryan,
8. Valencia, 9. Gary Neville, 11. Antonio, 13. Roy Keane, 14. Carrick
16. Robson

92. United Anagram Solver

Sergio Romero, Fred, Amad Diallo, Victor Lindelöf, Michael Carrick, Chris
Smalling, Dimitar Berbatov, Park Ji-sung, Darren Fletcher, Rio Ferdinand,
Ruud van Nistelrooy, John O'Shea, Mikaël Silvestre, Andrei Kanchelskis,
Mike Phelan

93. Quiz Time

1. Inter Milan
2. Wrexham
3. PSV Eindhoven
4. Manchester United (he scored for Newcastle United)
5. 1909
6. Status Quo
7. Tommy Docherty
8. Lee Sharpe
9. 8th
10. Bryan Robson

94. Find Evra

95. United Wordwheel

Ably, back, bail, balk, ball, balm, bilk, bill, iamb, lamb, limb, balky, bally, balmy, bialy, black, climb, limby, blacky, cymbal, balmily, blackly
Bill McKay

96. Folded Paper

Bryan Robson, Darren Fletcher, Arthur Albiston, Antonio Valencia, Alex Stepney, Paul McGrath, Andrei Kanchelskis, Aaron Wan-Bissaka

97. The Wordtrail

Oh me lads, You should have seen us coming, Fastest team in the League, You should have seen us running, All the lads and lasses, With smiles upon their faces, Walking down the Warwick Road, To see Matt Busby's aces!

98. The Hidden Word

1. United, 2. United, 3. United, 4. United, 5. United, 6. United
Hidden Word - United

99. The United Sudoku

L	S	S	H	I	A	A	O	U
A	H	A	U	L	O	S	I	S
I	U	O	S	A	S	L	A	H
O	A	A	I	S	U	H	S	L
S	L	H	A	O	A	U	S	I
U	I	S	L	S	H	O	A	A
A	A	U	O	H	I	S	L	S
H	O	L	S	A	S	I	U	A
S	S	I	A	U	L	A	H	O

MANCHESTER UNITED

QUIZZES & PUZZLES

Printed in Great Britain
by Amazon

67295618R00071